代理记账
企业财税合规
管理实战

方瑾璟 ◎ 著

中国铁道出版社有限公司
CHINA RAILWAY PUBLISHING HOUSE CO., LTD.

图书在版编目（CIP）数据

代理记账企业财税合规管理实战 / 方瑾璟著. 北京：中国铁道出版社有限公司, 2025.3. -- ISBN 978-7-113-31963-2

Ⅰ.F279.23；F812.423

中国国家版本馆CIP数据核字第202516Z279号

书　　名：代理记账企业财税合规管理实战
　　　　　DAILI JIZHANG QIYE CAISHUI HEGUI GUANLI SHIZHAN

作　　者：方瑾璟

责任编辑：王　佩　　编辑部电话：（010）51873022　　电子邮箱：505733396@qq.com
封面设计：光大印艺
责任校对：刘　畅
责任印制：赵星辰

出版发行：中国铁道出版社有限公司（100054，北京市西城区右安门西街8号）
网　　址：https://www.tdpress.com
印　　刷：北京联兴盛业印刷股份有限公司
版　　次：2025年3月第1版　2025年3月第1次印刷
开　　本：710 mm×1 000 mm　1/16　印张：13　字数：166千
书　　号：ISBN 978-7-113-31963-2
定　　价：58.00元

版权所有　侵权必究

凡购买铁道版图书，如有印制质量问题，请与本社读者服务部联系调换。电话：（010）51873174
打击盗版举报电话：（010）63549461

序　一

自金牌讲师项目运行以来，财税行业涌现出了一大批优秀的讲师，方老师便是其中一位。当下，财税公司正面临转型升级，转型的关键是人的转型，人的转变始于心智模式的迭代，心智模式决定行为模式，行为模式决定业绩结果。然而，人的改变是最难的，既需要有远见卓识的人去引导，也需要有实操落地经验的人去赋能，方老师从自己转型变革的经验出发，复盘萃取过往成功经验，提炼出了一套财税公司转型的最优路径，以供财税同行们参考，实乃财税行业的大幸！

在财税行业的变革浪潮中，我们遇到了无数传授知识、解析政策的"老师"。他们为我们解读财税领域的风云变幻，引领我们适应新的税收制度，掌握新的财务技能。然而，在这股变革的洪流中，能够像方老师那样，不仅以深厚的学识指引我们前行，更以高尚的人格魅力感染我们，成为我们人生导师的，却是难遇难求。

方老师，作为财税领域的佼佼者，她不仅紧跟财税行业的变革步伐，不断更新自己的知识体系，更以其敏锐的洞察力和前瞻性的思考，为我们解读着变革背后的深层逻辑和未来发展趋势。在她的课堂中，我们不仅能够学习到最新的财税知识，更能够感受到她对于财税行业的热爱和对于变革的积极态度。

永远不要怀疑那么一小撮人改变世界的梦想,因为世界恰恰是这样被改变的,如果你正面临转型变革,这本书也许就是治愈你的良药。

张玉导师

2024 年 10 月

序　二

代理记账的历史至今已有30多年。"代理记账"的概念早在1993年《中华人民共和国会计法》(以下简称《会计法》)修改时提出，直到1999年，再次修改《会计法》时，明确要求不具备条件的单位应当委托合法的中介机构进行代理记账，正式明确了代理记账的法律地位。

代理记账发展经历了初露峥嵘、快速发展的历程。根据数据显示，2019年，我国代理记账行业市场规模已接近400亿元，预计2025年可达到525.4亿元，之后十年内更是有望成长为规模上千亿元的大市场。

代理记账的用户群体，大多为中小微企业，以及个体工商户。截至2021年4月末，国内的中小微企业已经达到4 400万家，个体工商户9 500万户，加起来近1.4亿的体量。代理记账为我国中小微企业，以及个体工商户在确保财务合规、提高财务管理水平、降低成本、促进业务发展、避免财务风险等方面发挥了重要作用。

《会计法》第八条规定："……国家加强会计信息化建设，鼓励依法采用现代信息技术开展会计工作……"。随着计算机技术飞速发展，代理记账机构基本实现电算化会计、人工智能会计，完全代替传统会计核算，大大提高了会计核算的工作效率。

近年来，由于政府各部门审批流程逐渐简化，注册公司、代理记账的周期大大缩短，在加速代理记账行业的发展，促进区域经济增长的同时，也加深这个行业内卷。相对于撇脂定价而言，客户不断倾向低价，导致市场服务价格秩序紊乱，致使行业陷入恶性竞争，扰乱市场经济发展。代理记账机构面临着前所未有的挑战。

这个行业如何健康发展？需要政府监管部门、行业从业者，以及各行各业人员共同努力，优化营商环境，在规范代理记账服务市场的同时，向高层次服务发展，即代理记账的高级阶段：代理财税服务。

2022年4月，国家税务总局下发通知并明确要求，在同年的4~9月，联合开展规范涉税中介服务行为，促进涉税中介行业健康发展相关工作，为市场主体发展营造良性有序的环境，以促进市场经济健康发展。这是行业发展的必然。

正是基于这个新要求，《代理记账企业财税合规管理实战》一书应运而生。

书中反映了现代青年人创业历程。正如作者所说："2011年，我与爱人一同来到合肥，开始了我们的创业之旅。在暖通行业，我们凭借敏锐的市场洞察力和不懈的努力，收获了人生的第一桶金。然而，内心深处对专业工作的向往促使我再次出发，于2017年创立了安徽瑾桐财务咨询有限公司，将我的专业、热爱和梦想融为一体。"

本书还是作者真实的人生经历。在人生的征途上，每个人都会遇到困难和挑战。但正是这些磨难，让瑾桐财务变得更加坚强。书中翔实介绍了瑾桐财务咨询有限公司如何从代理记账向财税服务高端转型。其中，包括案例、会计语境、费税攻略、人才招聘、财税服务营销秘籍等。这些都是财税服务从实践上升到理论的总结。

我相信，我国财税服务行业还会有许多人如我一样，能从这本书中获取有用的信息甚至是教益。

借此机会，谨向在财税服务行业付出了艰辛劳动的同行致以崇高的敬意！

张连起

中国税务学会副会长

中国企业财务管理协会会长

二〇二四年七月于北京

前　　言

破茧成蝶，实战视角解锁企业财税合规管理新篇章

　　企业财税合规管理，作为现代企业经营管理的核心环节，不仅关乎企业的财务健康与税务安全，更是企业稳健发展、实现战略目标的重要保障。在快速变化的市场环境中，财税合规管理正经历着深刻的变革与升级，成为企业转型升级不可或缺的一部分。

　　随着国家税收政策的不断调整和完善，以及《会计改革与发展"十四五"规划纲要》的深入实施，企业财税管理正逐步从传统的事务性处理向战略决策支持转变。这一转变要求财税管理人员不仅要具备扎实的专业知识，更要具备敏锐的政策洞察力、强大的数据分析能力和前瞻性的战略思维。

　　本书正是基于这一背景，为广大财税管理人员提供了一本实战性极强的操作指南。它深入剖析了当前企业财税合规管理的现状与挑战，结合最新的政策法规和前沿实践案例，系统阐述了如何在复杂多变的商业环境中，构建高效、合规的财税管理体系。

　　在本书中，我将以第一人称的视角，带领读者深入探索企业财税合规管理的精髓。通过安徽瑾桐财务咨询有限公司（以下简称瑾桐）的真实案例，展示企业在面对财税合规挑战时，如何灵活应对、主动变革，最终实现财税管理的优化与升级。这些案例不仅具有代表性，更蕴含了深刻的实

战智慧，能够为读者提供宝贵的借鉴与启示。

同时，本书也高度关注税务系统的智能化发展趋势。预计到 2025 年，智慧税务系统将全面普及，为企业财税管理带来前所未有的便捷性与高效性。然而，这也对财税管理人员的专业素养和技术应用能力提出了更高的要求。因此，本书特别强调了财税管理人员在数字化转型过程中的角色与责任，鼓励大家积极拥抱新技术、新思维，不断提升自身的核心竞争力。

本书不仅是一本工具书，更是一本启发思考、引领变革的参考书。它向每一位财税管理人员传达了一个明确的信息：在财税合规管理的道路上，变革与创新是永恒的主题。只有不断适应变化、主动求变，才能在激烈的市场竞争中立于不败之地。

最后，我要感谢在撰写本书过程中给予我无私帮助和支持的各位专家、教授，以及同行朋友们。他们的宝贵意见和建议，使本书得以更加完善、更具价值。希望本书能够成为广大财税管理人员手中的一把"利剑"，助力大家在财税合规管理的道路上披荆斩棘、勇往直前。

方瑾璟

二〇二四年五月于合肥

目　录

第一章　洞察先机：解码环境变局　1

　　第一节　合规基石：构建财税管理的坚实防线 / 2

　　第二节　变革浪潮：乘风破浪的转型策略 / 5

　　第三节　内行看门道：财务的核心价值探秘 / 15

　　第四节　金税新纪元：应对四期挑战的智慧 / 28

第二章　锐意进取：打造转型利器　38

　　第一节　合规不止步：升级回旋的底层逻辑 / 39

　　第二节　体检有方：财税健康的秘诀 / 56

　　第三节　编织幕后：规范财务基础核算 / 71

　　第四节　报价风采：定制服务的决胜法则 / 82

　　第五节　对接武器：战场上的执行艺术 / 88

第三章　利刃出鞘：整合专业工具　98

　　第一节　新手入门：基本功的速成诀窍 / 99

　　第二节　会计语境：沟通艺术背后的科学 / 116

　　第三节　税费攻略：从累赘到装备的升华 / 144

第四章　操盘有道：精于管理之术　150

第一节　"三报"通晓：为老板量身定制的财务进阶课 / 151

第二节　财管精英：统领市场的营销宝典与服务秘笈 / 156

第三节　实战转化：根据行业特征定制服务 / 163

第五章　人才为王：绘制人效增益图谱　171

第一节　三才相得：卓越团队的建设之道 / 172

第二节　选才艺术：人才甄选秘籍 / 177

第三节　理财导航：指点迷津，教你成为财务达人 / 184

后记 / 197

第一章　洞察先机：解码环境变局

在当今复杂多变的经济环境下，企业所面临的挑战与机遇并存。财税管理作为企业经营的核心环节，既是内部控制与外部监管的交汇点，也是企业实现长期稳定发展的基础。在这个大变革的时代，政策更新、市场环境变化和科技的迅猛发展不断重塑着企业的生存规则。企业若想在激烈的竞争中脱颖而出，必须具备敏锐的洞察力和迅速的反应能力，才能准确应对环境的变化。

本章将从合规管理、变革策略、财务核心价值及最新税制改革四个关键维度展开，帮助读者把握政策动态和市场趋势。通过对这些领域的深刻剖析，我们不仅能搭建财税管理的坚实防线，还能借助转型浪潮实现企业的战略性突破。企业需要的不仅是财务数据的简单记录，更是能为决策提供支持、创造价值的财务体系。因此，适应环境变局的财务管理能力，不仅是应对短期风险的保障，更是驱动企业持续发展的内在动力。

在接下来的各节内容中，我们将深入探讨如何夯实企业的合规基石、制定灵活的转型策略、挖掘财务管理的核心价值，以及如何在新税制环境下应对未来的挑战。这些内容将为企业管理者提供系统性思考框架，帮助他们在动荡的市场中保持定力，在瞬息万变的环境中抓住先机。

第一节　合规基石：构建财税管理的坚实防线

在财税领域，合规不仅是法律的要求，更是企业稳健发展的基石。随着"十四五"规划的深入实施，财税管理的规范化、精细化已成为行业共识。在这一背景下，财税机构也面临着前所未有的挑战与机遇。如何构建财税管理的坚实防线，确保企业合规经营，成为我们亟待解决的问题。以下从外部环境、内部环境、客户需求、员工发展、机构战略等多个维度，探讨如何打造财税管理的合规基石，如图1-1所示。

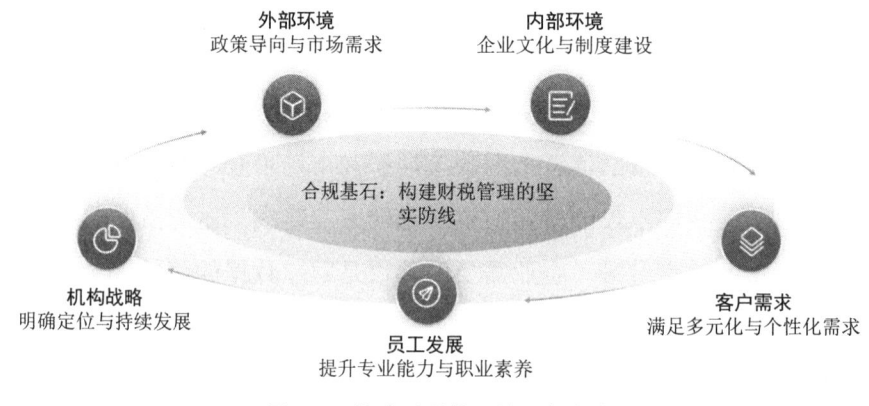

图1-1　构建财税管理的坚实防线

一、外部环境：政策导向与市场需求

1. 政策环境

随着《会计法》《中华人民共和国税收征收管理法》（以下简称《税收征收管理法》）等法律法规的不断完善，以及《代理记账管理办法》《代理记账基础工作规范（试行）》等具体规定的出台，财税管理的合规性要求日益严格。这些政策不仅规范了代理记账行业的服务标准，还强调了质量控制、

档案管理等关键环节，为财税管理提供了明确的法律框架。

特别是近年来，税务部门加强了对大数据、云计算、人工智能等现代信息技术的运用，通过电子税务局、智能算税系统等平台，实现了对税收数据的实时监控和精准分析。这一变化不仅提高了税收征管效率，也对企业财税管理的合规性提出了更高要求。

2. 市场环境

随着市场经济的深入发展，企业面临的竞争压力日益加剧。在激烈的市场竞争中，财税合规成为企业提升竞争力、降低经营风险的重要手段。同时，随着消费者维权意识的增强和社会监督机制的完善，企业财税信息的透明度备受关注。因此，构建财税管理的合规基石，不仅是企业自身发展的需要，也是赢得市场信任、树立良好形象的关键。

二、内部环境：企业文化与制度建设

1. 企业文化

企业文化是财税管理合规性的重要支撑。一个注重合规、诚信经营的企业文化，能够引导员工树立正确的价值观和行为准则，自觉遵守法律法规和规章制度。在财税管理中，应倡导"合规为先、诚信为本"的理念，将合规意识融入企业经营管理的各个环节，形成全员参与、共同维护的合规氛围。

2. 制度建设

制度建设是财税管理合规性的基础保障。企业应建立健全财税管理制度体系，明确各项财税业务的操作流程、审批权限和责任分工，确保财税管理的规范化、标准化。同时，应加强对制度的执行和监督，定期对制度执行情况进行检查和评估，及时发现和纠正存在的问题，确保制度的有效性和权威性。

三、客户需求：满足多元化与个性化需求

1. 多元化需求

随着企业规模的扩大和业务的拓展，客户对财税管理的需求日益多元化。除了传统的记账、报税服务外，客户还需要税务优化、财务咨询、风险管理等增值服务。因此，财税机构应不断拓展服务领域，提升服务质量，满足客户多样化的需求。

2. 个性化需求

不同行业、不同规模的企业，在财税管理方面存在显著差异。因此，财税机构应深入了解客户的行业特点、经营模式和财务状况，为客户提供个性化的财税解决方案。通过定制化服务，帮助客户优化税务结构、降低税负成本、提高资金使用效率。

四、员工发展：提升专业能力与职业素养

1. 专业能力

财税管理是一项专业性很强的工作，要求员工具备扎实的专业知识和丰富的实践经验。因此，财税机构应加强对员工的培训和教育，提升员工的专业能力和业务水平。通过组织内部培训、参加外部培训、考取职业资格证书等方式，不断提高员工的专业素养和综合素质。

2. 职业素养

除了专业能力外，员工的职业素养也是财税管理合规性的重要因素。员工应具备良好的职业道德和职业操守，自觉遵守法律法规和规章制度，保守客户商业秘密，维护客户合法权益。同时，应具备强烈的责任心和敬业精神，对待工作认真负责、精益求精。

五、机构战略：明确定位与持续发展

1. 明确定位

在财税管理领域，财税机构应明确自身的市场定位和发展方向。通过

深入分析市场需求、竞争态势和自身优势，确定目标客户群体和服务领域，打造差异化的竞争优势。同时，应根据市场变化和客户需求的调整，不断优化服务内容和方式，保持其竞争力和生命力。

2. 持续发展

财税管理是一个不断发展的领域，新的政策法规、技术手段和管理理念不断涌现。因此，财税机构应保持敏锐的市场洞察力和创新能力，紧跟时代步伐，不断推动财税管理的创新和发展。通过加强技术研发、拓展服务领域、提升服务质量等方式，不断满足客户日益增长的需求，实现机构的持续发展和长期繁荣。

第二节　变革浪潮：乘风破浪的转型策略

在当前经济全球化和数字化转型的大背景下，财税机构面临着前所未有的挑战与机遇。一方面，传统的财税服务模式正受到新兴技术的冲击，客户对服务的期望也在不断提高；另一方面，大数据、云计算、人工智能等技术的发展为财税服务提供了新的可能性。因此，财税企业必须积极拥抱变革，通过创新的转型策略来适应市场的新需求，如图1-2所示。

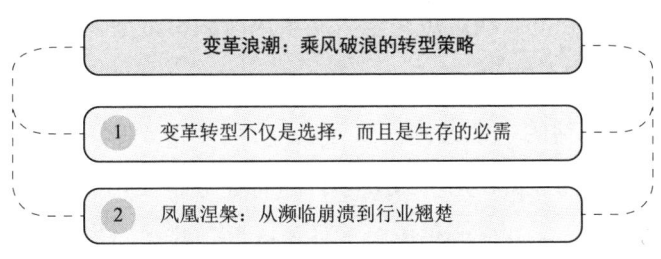

图1-2　乘风破浪的转型策略

一、变革转型不仅是选择，而且是生存的必需

1. 外部环境

随着"十四五"规划的推进，代理记账行业的规范化建设已经提上日程，传统的代理记账服务模式亟待升级。特别是《代理记账基础工作规范（试行）》的出台，严格遵循"十四五"规划的总体要求，对机构提供的规范服务提出了明确的规定。其中，第四条规定："代理记账机构开展代理记账业务应当遵守本规范，至少履行下列基本程序：业务承接、工作计划、资料交接、会计核算、质量控制、档案管理等"。那么，面对这样的政策导向和市场需求，我们的机构是否做到了严格执行这些既定程序呢？

此外，随着税收大数据和智能算税规则的应用，确认式申报应运而生。在上海、四川、重庆等地区实行的确认式申报，为经营业务相对简单的纳税人提供了便捷的申报服务，大幅压缩了办税时长。这一系列变革意味着传统记账报税服务的含金量正在被稀释。如果我们仍固守旧有的服务模式，不仅无法满足客户日益增长的需求，还会面临行业恶性竞争的风险。因此，我们必须审视当前市场环境，积极思考如何适应变化，创新服务内容。

2. 内部环境

客户的需求增长，员工的职业发展，以及机构的经营战略，三者共同推动财税服务向更高层次转型。以客户需求为例，当客户处于初创阶段，尚未建立自己的财务团队时，他们往往会选择代理记账服务。但随着企业的成长，例如一家企业在短短几年内从年产值数百万增长至数千万，他们便会筹建独立的财务部门。

回顾我们遇到的一个案例，该客户自 2019 年起便委托我们进行代理记账，每年费用为 5 600 元。2020 年，随着业务量激增至 1 500 万元，瑾桐开始为客户提供 3 万元的年度财务外包服务，并在同年帮助其招募了一位出纳人员。合同到期之际，即 2021 年 3 月，瑾桐呈交了一份精心制作

的20多页财务报表分析，然而客户却表示这份报告并未达到他们的需求。客户坦言：他们需要的是一个能自主管理账务的团队，而非单一的报告。因此，我们顺应其需求，提供了会计培训服务，签订了4万元的年度合同。尽管当时我们的团队尚未完全准备好如何提供这种新型服务，但我们明白满足客户需求的重要性。

幸运的是，到了2021年6月，随着首位高管的加入，我们终于有能力为客户提供专业的服务。经过指导与支持，到2023年底，这家客户的年产值突破了亿元大关。在最终阶段，我们转而担任财务顾问的角色，建议客户招聘财务总监来应对更为复杂的财务需求。我们自豪地陪伴客户走过了他们"学生时代的初中阶段"，但也很明智地认识到，"高中、大学阶段"需要更专业的引导。

这个案例只是众多成功故事中的一个。它证明了财税机构转型决策是正确且必要的。如果我们继续仅提供传统的记账服务，将无法满足客户日益增长的需求，也无法获得他们的信任和满意。我们必须意识到，仅仅跟随在客户后面记录交易是不够的；客户真正需要的是全面的财务管理服务，包括财务培训、管理、预算和咨询。这些能够实现事中控制和事前控制的服务。我们要有领先的思维，与客户并肩前进。

3. 员工的职业规划

在我们的行业中，多数会计人员是刚步入职场的应届和往届毕业生。这些年轻的会计带着学习的愿望加入我们机构，期望通过掌握记账和报税技能，未来能在企业发展自己的会计职业生涯。因此，每2～3年，我们的机构就会经历一次人员更迭，形成一种循环模式。

为了促进收入与工作绩效相匹配，会计人员的薪资往往与业绩挂钩。这导致会计们除了提供专业的记账报税服务之外，还需为客户提供一系列附加服务，如打印合同、协助银行开户和网上转账等，以确保客户能够满意并带来新的业务介绍，进而提高自身的薪酬水平。

然而，一些会计人员逐渐意识到，这样的工作内容与他们的专业志向和职业规划存在冲突。由于会计服务机构的业务范围相对固定，在3～5年的时间里，能提供学习和成长的机会有限，使得员工难以在专业领域获得更多提升。此外，管理层大多由内部晋升而来，而缺乏外部经验丰富、能力更强的财务精英加盟，这在一定程度上限制了机构服务水平的提升和员工个人能力的进一步发展。

面对这样的局面，那些怀揣梦想、渴望职业发展的员工可能会选择离开，寻找更广阔的职业天地。正如瑾桐团队的成员一样，他们有着明确的职业规划，不愿意在没有成长空间的环境中耗费宝贵时间。这种员工的流失，虽然短期内给机构带来了挑战，但长远来看，也提醒我们需要不断反思和改善人才培育及职业发展机制，以吸引和保留优秀的财务专业人才。

4. 机构的经营发展

员工留存率低，客户服务不尽如人意导致客户流失，以及优秀员工因薪资不满选择离职自立门户，这些问题让我们成了业内的"人才摇篮"，许多竞争对手都曾是我们的学员。机构负责人往往出身会计或销售，并非来自大型企业管理层，这限制了他们的视野与管理能力。

我自己也是一例，虽有会计和销售经验，但缺乏大公司的工作背景和系统的管理知识。幸运的是，从2019年开始，我跟随张玉导师学习，经过五年的深入学习，我的管理理念得到了显著提升。作为领导者，如果不持续充实自己，怎能引领企业发展？当感到力不从心时，意味着需要进一步学习和成长。我们的目标是通过专业服务为客户创造价值，这样才能确保机构的持续发展和长久经营。

面对客户、员工和个人层面的挑战，必须顺应时代发展，把握趋势。我意识到公司处于危机边缘，亟须改变，而我需要学习如何管理和变革。学习并不总是顺其自然，有时需要主动出击。

通过阅读《领导变革》《论大战略》和《定位》等书籍，我获得了宝贵的启示，更重要的是我在张玉导师的课上学到了 U 型理论。在学习 U 型理论的过程中，尤其是在 2021 年 4 月我准备开始变革之际，我感到格外困难。张导的一堂课让我从不同视角审视现状，从而获得新的见解。我很感激那些在改革过程中给予我支持的老师和同学们，他们的鼓励和帮助给了我勇气，使我得以迈出变革的步伐。

二、凤凰涅槃：从濒临崩溃到行业翘楚

经过整整一年的努力，我从变革到取得显著成效的过程中，深刻体会到管理并非天赋，而是可以通过学习掌握的技能。我是依照科特所著《领导变革》一书中提出的变革八步法来实施变革的。

1. 创造变革的紧迫感

2021 年 5 月之前，我一直负责公司的销售工作，而对公司内部的管理则自认非我所长，一直交由前团队负责人打理。然而，当我的得力助手徐会计提出辞职时，我才意识到问题的严重性。我查看了所有客户的账务，发现大多数只更新到了 2020 年，甚至有的还停留在 2019 年，只有少数大客户能够保持同步。这样的现状与我向客户承诺的专业、负责形象背道而驰，让我深感对不起所有客户。因此，在 2021 年 5 月 11 日，我正式宣布启动变革，并立刻着手寻找能帮助公司转型的首位高管。

面对首次招募高管的任务，我没有明确的思路，于是向我的一位学习工商管理的客户求助。他建议我寻找一位有着丰富财务专业背景和从基层到高层管理经验的人士，年龄约 40 岁，性别不限。凭借这些条件，我在 6 月 13 日通过 BOSS 直聘找到了合适的人选。在第一轮谈话中，我们交流了五个小时，我毫无保留地分享了公司的过去、现状和愿景。坦诚地告诉她，

公司目前处于困境，但她若加入，将与我一同面对挑战。我对成功充满信心。她坦言自己在专业和管理方面都有经验，但未曾涉足销售。我回应道，销售是我的强项，不需要她操心。就这样，变革的关键人物舒敏于2021年6月23日正式加盟，标志着瑾桐变革的第一步。

2. 组建强有力的变革领导团队

舒敏的加入并未遭到团队的明确反对，但缺乏积极支持也是在所难免，毕竟人们往往习惯于自己的舒适区。公司的变革无疑打破了这个平衡，而改变从来都是一件充满挑战的事。我们的策略是同步进行人员招聘，定位是将公司塑造为高端财务管理机构，因此专注于引入企业端杰出的财务人才。

然而，当时的瑾桐手上还有300户代理记账客户，这些新引进的企业端财务专才对工商注册、变更和注销等业务相对不熟悉。为了弥补这一短板，我们招募的第二位员工拥有三年以上负责工商业务的经验。第三位员工则带来了五年的商务销售经验，第四位成员具有八年商贸行业的财务背景，第五位员工在建筑行业拥有五年的财务管理经历，而第六位成员曾在大型企业担任往来会计长达八年之久。

就这样，在短短三个月内，这支由新团队成员组成的队伍取代了原有的团队，为公司的转型和升级注入了新的活力。

3. 制定和沟通变革的愿景

虽然新招募的会计专业人才在专业技能上无可挑剔，但他们对财税行业的具体运作并不熟悉。一个会计要同时处理几十家公司的账务，面对客户也显得生疏。当客户发现整个会计团队都换了人，而且账务还停留在2019年，累积了超过一年的未处理账目时，他们自然会感到不安。客户需要对账，却发现资料不全，这种状况是他们难以理解的。

在随后的半年时间里，我们失去了几十家客户。更有些气愤的客户打电话来责骂，团队成员不得不天天向客户道歉。记得有一次，一位客户在电话中斥责舒敏，我夺过电话坚定地说："她是我的员工，你凭什么辱骂她？如果你不满意我们的服务，完全可以选择离开。"换作是你，你会怎么做？正是在这种情况下，舒敏对我说："方总，我们必须变革成功，将来我们要挑选客户。"

于是，每天在客户的责骂声中，我们团队共同发誓，一定要将公司塑造成一家高端的财税管理企业，用我们的专业知识服务于那些真正有价值的客户。

4. 清除障碍和克服阻力

在那段艰难的日子里，我深感痛苦。那些曾给予我巨大成就感的20多个财务外包客户，每个收费3万～5万元，本应是我们的骄傲。但舒敏在审视了工作量后，却透露了一个惊人的事实：这些业务实际上都在亏损。

当时，这些订单都包含了上门服务的承诺。于是，我带着舒敏逐一拜访客户。然而，由于客户对之前的服务不满意，加上合同期限尚未结束，我们只能继续提供服务，直到合同到期。随后，我们向客户解释了我们服务的真实成本，并告知他们如果续约，价格将无法维持在原来的水平。结果，一些规模较大的客户选择自己聘请会计，而其他一些则转回到了每月几百元的代账服务。

问题究竟出在哪里？你们在服务外包客户时是否也遇到过类似情况？实际上，我们当时缺乏一个完善的服务内容和定价体系。这不仅体现在外包客户上，代理记账客户更是频繁提出各种要求，比如打印合同、办理银行贷款、转账等非财务事项。客户的要求并没有错，问题在于我们在签订合同时并未明确界定服务范围。

我们新的团队由企业端财务人员组成，他们质疑为何要承担超出职责范围的工作。我们为什么要做这些？不做会有什么后果？如果不做这些，我们应该为客户提供哪些服务？这些问题不断在我脑海中盘旋。然而，现实是，许多客户已经习惯让我们处理行政类工作。他们说，过去一直都是这样做的，现在为什么不做了呢？只好换别家。就这样，在改革过程中，我们每天都在失去客户。

想象一下，如果你辛苦多年签约的客户一个个流失，每一次都让你感到心痛。这个过程就像是老鹰的蜕变，它必须一根根拔去旧羽毛，才能长出新羽。这是一个痛苦而又必要的过程。

5. 创造短期胜利

我坚信，瑾桐必须实现以财税专业知识为客户创造真正价值的愿景。因此，无论工作到多晚，我和我的团队始终并肩作战，共同面对各种不可预见的挑战。尽管身体疲惫，但我们的内心充满了喜悦。我深感荣幸，有这样一支优秀的团队与我携手共进，共同推动变革。

为了提升工作效率和服务质量，瑾桐对所有业务流程进行了标准化处理。我们制定了岗位职责说明书，明确了每个岗位的职责范围和执行方式。舒敏还总结出了一套"做账七步法"，这是一套高效、自检的会计处理方法，不仅提升了会计工作的专业性，还减少了对审账人员的依赖。此外，我们还推出了"玩转记账软件"课程，在学习和实践软件中的流程，发现了许多有助于降本增效的功能模块，如快递服务、微企服务、合同管理等，这些不仅提高了我们的工作效率，还增加了客户的满意度。

凭借对软件的高效运用和团队的不懈努力，到了2022年1月，我们终于实现了客户账务处理的同步化，团队也初步稳定下来，客户满意度显著提高。

6. 巩固变革并促进深入变革

在变革的过程中，许多客户展现出了极大的理解并给予了我们宝贵的建议。我的学长张总就是其中之一，他鼓励我说："学妹，我非常支持你转型。

你应当利用你的专业知识为客户创造价值，而不仅仅是因为我们是熟人就为我们提供服务。你可以开设一个讲座，给我们上一些专业课程，让我们企业的财务团队也受益。"另一位客户刘总则建议说："对于一家高端财税公司来说，环境非常重要。像会议室和接待室这些客户经常待的地方都应该进行一番精心装饰。"在这两位老总的大力支持下，我们的办公室迅速焕然一新，许多来访的客户都用"精致"一词来形容它。

2022年2月18日，第一期"瑾桐财税讲堂"成功举办。我们邀请的都是公司的老客户，这也是自变革以来正式向大家宣告瑾桐已经焕然一新的时刻。就在那一期的课堂上，我多年的老客户佘总提出了一个观点："方总，我们的企业都追求财税合规，你应该在这方面帮助我们。"就这样，财税合规的理念开始在此生根发芽。实际上，客户不断增长的需求正是我们转型的方向和产品升级的指引。

7. 巩固企业文化中的变革

在成功举办了首期"瑾桐财税讲堂"之后，客户们表现出了浓厚的学习兴趣，纷纷希望能够持续接受培训。舒敏凭借自己20年的丰富工作经验，针对中小企业当前面临的财税挑战，精心设计了一套包含八门课程的培训体系："走进财务""智慧财税,合规发展""会计基础知识""了解会计语言""了解税费""教老板看懂三大报表""瑾桐三才观""招才选将"。这套课程旨在帮助客户深入理解财税与管理知识，建立规范的财务体系，从而引领企业稳健发展。

得益于众多客户在讲堂中表现出的信任和大力支持，我们在2022年6月成功为20家新老客户提供了升级服务，最终选择了我们的财税合规定制产品。三个月的成果令人振奋：20户企业升级，营收达到48万元，平均客单价为2.4万元。

我们认识到，只有为客户设定明确的服务边界，才能建立起服务标准，从而使得人才能够被有效复制，客户满意度得到提升，进而实现持续续费。客户的持续续费，必然是因为我们提供了专业的价值服务。瑾桐的转型圆满完成了第一轮的客户定位和产品定位。团队终于迎来了曙光，每位成员都更加坚定了方向，满怀信心地向前迈进！

8. 我的感悟

科特的变革八步法可视为实践技巧的体现，而图1-3所展示的U型理论则是更深层次的原则指导。这个理论源自先秦《礼记》中的《大学之道》："知止而后有定，定而后能静，静而后能安，安而后能虑，虑而后能得"。在变革之初，张玉导师讲授此理论时，我对其领悟尚浅，只记得张玉导师强调它对公司变革的适用性。因此，当瑾桐变革取得成功后，我依据这一模型进行反思总结，意识到这正是我们实际执行的过程。这让我感慨于前人及古人的智慧，他们早已为我们总结了宝贵的经验，不是这些知识无用，而是我们尚未加以应用。

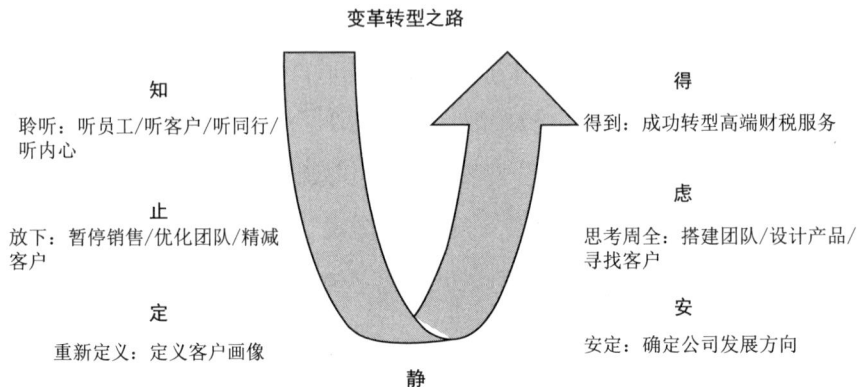

图1-3 U型理论

关于变革转型的成果，图1-4是我们在2023年年终总结大会上展示的。通过这张图，大家可以直观地看到，2021年以前，我们还没有财税合规等系列产品,而在 2022 年以后,这类产品的占比已经达到 37%,到了 2023 年更是增长至 61%。这样的结果表明,瑾桐已经成功转型为一家高端财务管理公司。

瑾桐能够成功变革转型,您同样也能。如果您曾和我一样在管理上遇到难题,那么和我一样去学习吧。接下来的每一个章节,对您来说都将是极为重要的。

产品	2022年占比	2023年占比
代理记账	63%	39%
订单服务		
财税合规	37%	61%
培训服务		
乱账整理		
专项服务		
财税顾问		
增值服务		

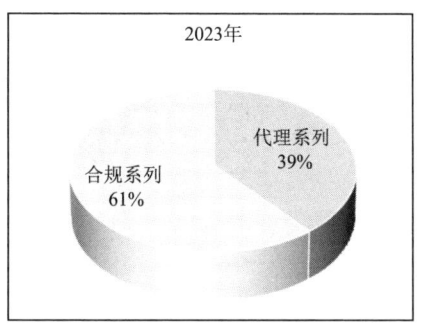

2021年 0　　2022年 37%　　2023年 61%

图 1-4　转型成果

第三节　内行看门道:财务的核心价值探秘

在企业管理中,财务部门至关重要,是企业运营的"血液"和战略决策的依据。财务不仅涉及数字计算和报表编制，更关乎企业的健康和发展潜力。财务是战略规划的基石，通过分析历史数据和预测未来趋势，为企业提供决策支持，指导投资和资源配置，降低风险，如图1-5所示。

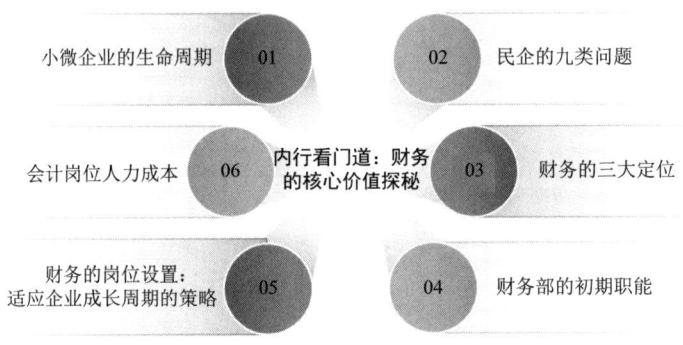

图1-5 财务核心价值探秘

一、小微企业的生命周期

我国的小微企业在经济生态中扮演着重要的角色，然而它们的生命周期却相对较短。据统计，小微企业的平均存活周期为4.13年，这个数字揭示了一个可能让人忧心的现实：其中接近50%的小微企业存活时间不超过3年，几乎一半的企业在完成一个完整经济周期之前就已退出市场。这意味着它们在面对市场变化时的抵御风险能力较弱。

与此对比，非小微企业的存活情况要乐观不少。平均而言，这类企业的存活周期为6.61年，其中有超过44%的企业能够存活超过10年，显示出比小微企业更强的生命力和风险抵御能力。

小微企业生命周期的这种特点，使得它们面临的挑战和机遇都很独特。小微企业有快速适应市场变化的优点，但也因为规模较小、缓冲资源有限而容易受到经济波动的影响。为了延长生命周期，小微企业需要专注于持续的创新、高效的运营管理、财务健康和战略规划。

而对于那些能够跨越三年门槛的小微企业来说，如能进一步加强市场定位、管理优化和风险管理，便有机会转型为非小微级别的企业，获取更稳定的成长机遇。

创新与管理并驱
——杭州科技初创企业打破小微企业生命周期短的魔咒

在我国，小微企业面临着严峻的市场环境和技术挑战。据《经济日报》的报道，许多小微企业在激烈的市场竞争中，由于创新能力不足、管理不善，以及财务规划缺失，往往在成立后的三年内便陷入困境，生存能力堪忧。这些企业难以适应快速变化的市场环境，缺乏有效的应对策略，导致生命周期短暂。

在此背景下，位于杭州的一家小型科技初创企业脱颖而出，成功打破了小微企业生命周期短的魔咒。该企业专注于移动应用开发领域，面对激烈的市场竞争和快速变化的技术环境，采取了一系列创新和管理策略。

创始人深知技术创新是生存和发展的关键，因此投入大量资源进行产品研发，不断推出符合市场需求的新应用。通过持续的技术迭代和产品优化，保持了技术领先优势，赢得了市场的认可。

为了提高运营效率并降低成本，该企业优化了内部流程，采用了敏捷管理方法。这种管理方式使得企业能够快速响应市场变化，灵活调整运营策略，从而保持了高效的运营状态。

此外，他们还高度重视财务管理，建立了严格的预算和成本控制体系。通过精细的财务规划和管理，确保了良好的现金流状况，为业务的持续发展提供了坚实的财务支持。同时，制定了清晰的中长期发展战略，包括市场扩展、人才引进和合作伙伴关系建设。这一战略规划为他们指明了发展方向，确保了在不同阶段都能有序地推进各项工作。

这家企业通过持续创新、高效运营管理、财务健康和战略规划等策略，不仅在成立后的三年内成功存活，而且在第五年实现了业务的快速增长。

二、民企常见的九类问题

民营企业或小微企业是中国经济的重要组成部分，也是财税机构的主要客户群体。它们的成长与挑战反映了整个市场的活力。在企业发展的道路上，有些失误可能会成为致命的"死亡诱因"，以下是影响民营企业生存的九个方面。

1. 财务方面

（1）无报表

没有体系化的财务报表等同于在黑夜中航行而没有指南针。企业管理者无法准确把握公司的经营状况，盈亏、现金流、资产负债等关键指标模糊不清，决策基于直觉而非数据，最终可能导致无法挽回的经营错误。

（2）偷漏税

税务合规是企业稳定运营的前提。偷漏税要面临罚金和刑事责任，对企业来说无异于致命打击。

（3）断资金

现金流是企业生存和发展的命脉。如果资金链断裂，即便是最优秀的企业也可能轻易崩溃。很多中小企业在发展的过程中由于糟糕的现金流管理，导致资金周转不灵，最终只得关门。

2. 管理方面

（1）应收款

高额的应收账款往往预示着资金流动性差，企业可能面临严重的现金流短缺。这些堆积如山的应收款项，如果不能及时收回，易造成资金链的断裂。

（2）高库存

库存是所有实物商品企业的双刃剑。过多的库存会占用大量资金，增加仓储成本，不动产和过期的商品还可能导致重大损失。库存管理不善会掩盖企业生产经营中存在的问题，这一直是导致民营企业破产的常见原因。

（3）无预算

没有预算的企业如同无头的苍蝇，无法有效控制成本，无法科学安排资金使用，作出的决策缺乏对成本的精确考量，常常导致投资过大，回报甚微。

3. 资本方面

（1）买股权

盲目地收购股权、扩张规模的行为，如果没有清晰的发展战略和周密的规划，很可能成为企业的负担。这种情况下，企业资金通常会被挤压，导致主业受损。

（2）乱投资

投资决策需要谨慎，盲目跟风或投资于非主业务领域，尤其是对于外行领域的投资，往往带来的是巨额亏损。资本无序的投资往往会分散企业的精力，消耗财力，为企业带来灭顶之灾。

（3）控制权

控制权的问题在民营企业中尤为突出。股权分散导致管理权纷争，不仅影响决策的效率，甚至有可能导致企业被竞争对手收购，创始人失去控制权，最终影响到企业的生存发展。

三、财务的三大定位

在现代企业经营管理中，财务的作用已远超出传统的账务记录和报表编制。它已发展为企业战略实施中不可或缺的力量，担当着账房先生、管理幕僚和战略伙伴三大关键定位，如图1-6所示。

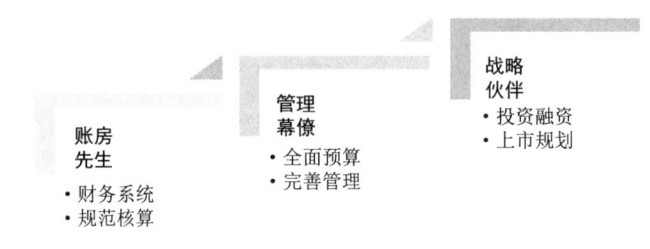

图1-6　财务的三大定位

1. 账房先生

作为一家企业最基础的财务角色，账房先生承担的主要任务是确保企业财务系统的稳健，并进行规范核算。就如同古时的文墨先生严谨记账，现代企业的财务部门需要能够准确快速地记录交易，合理分类账目，保证财务数据的真实、完整。对于这一基础功能，财税机构通过提供专业的会计服务，协助企业建立起科学的财务系统，包括合适的会计软件选择、数据收集和处理流程，以及符合最新财税法规的账目处理规范。这不仅助力企业满足监管要求，同时也为后续高质量的财务管理打下坚实的基础。

2. 管理幕僚

迈入管理层面，财务如同企业的管理幕僚。通过全面预算和财务分析为企业的日常运营和管理决策提供支持。这一角色需要拥有对企业全局的洞察力，能够预测财务趋势，识别潜在的风险，并提出应对策略。财税机构在此发挥的作用尤为关键，他们不仅协助企业完善其内部财务管理体系，包括成本控制、资金管理、财务分析报告，而且通过提供全面预算编制服务，助力企业合理分配资源、优化成本结构，提高资金使用效率。

3. 战略伙伴

最高层次的财务定位是战略伙伴。在这个层面，财务部门不再是纯粹的支持部门，而是变成企业战略决策中的关键角色。包括投资决策、融资安排甚至企业的上市规划等，都要求财务团队有能力提供深度的财务知识和建议。财税机构在这里扮演着重要角色。它们通过专业的财税策略、投融资咨询，帮助企业捕捉发展机遇，完成资本运作，并最终实现企业价值的增长和市场地位的提升。

四、财务部的初期职能

在很多中小型企业中，老板可能从未直接接触过标准的财务操作流程，因此对财务部的重要性和复杂性缺乏充分认识。其实这些都是正规企业财务部的工作内容，然而，这些对于财税机构的客户，尤其是中小企业老板来说，往往并不清楚，因为他们自己可能也从未接触过。财务部门的作用远不止于简单的数字记录或者是基本的账目平衡。它们是企业战略执行与管理决策的基石，涉及核算与管理两大核心职能，如图1-7所示。

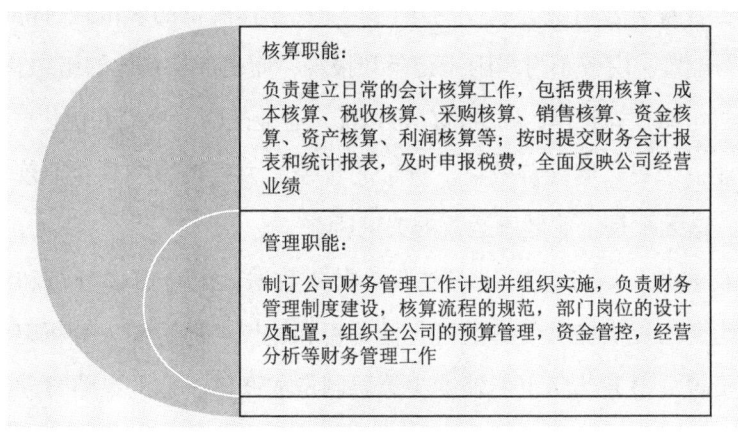

图1-7 财务部的两大职能

1. 核算职能

作为财务部门的基础职能，核算包括企业日常会计核算工作的全过程。

从费用核算到成本核算，再到税收、采购、销售、资金、资产和利润核算，这些环节都是企业财务健康的组成部分。财务人员须保证每一笔成本的合理性，每一项收入与支出的准确性，确保公司运营资金的良性流动。

为此，财务部需要建立一套完善的会计核算体系，确保每一笔交易都能够及时、准确地被记录和归档。这需要财务人员具备专业的会计知识，熟悉各项会计标准和税法规定。同时，也要求他们能够使用现代会计软件，以便更高效地处理财务数据。

此外，财务部负责定期提交财务会计报表和统计报表，这些报表能够全面反映公司的经营业绩和财务状况。同时，应及时按月申报税费，确保企业税务合规，避免任何逾期罚款或其他税收风险。

2. 管理职能

管理则是财务部门进阶的职能，它不仅涉及日常的核算工作，更要管理整个企业的财务健康。财务部门制订财务管理工作计划，并严格执行，这里面包含着对公司财务制度的建设，以及核算流程的规范化、部门岗位的设计与配置。财务不再局限于记录和报告，而是参与整体的组织和控制。

通过组织预算管理，财务部门可以配合企业战略，控制和优化成本，从而为企业带来更大的经济效益。资金的管控能力直接影响到企业现金流的稳定性，这无疑是企业健康运营的关键所在。

除此之外，财务部门还需要调动财务数据，配合市场分析和管理层决策，为公司提供经营效率的可行性分析和建议。通过深入分析财务数据和业绩报告，财务部门也能辅助决策层制定或调整企业的策略方向。

在这些基础与进阶职能之间，财务部门的作用不断拓展，企业对于财务部门的要求也越来越高，不仅期待他们能够处理好数字，还要参与到公司的战略规划与管理中去。财务人员要不断提高自身的专业知识和业务水平，以满足企业的发展需求。

五、财务的岗位设置：适应企业成长周期的策略

财税服务不仅仅局限于单一的代理记账或税务申报，而是提供全面的财税解决方案。财税机构的目标是将多个财税产品服务于一个客户，而不是将单一服务销售给大量客户。通过深入了解客户的业务特点和成长阶段，帮助客户实现财务的稳健增长和优化税务成本。这里用三个架构图来说明三个不同时期财务岗位的设置，如图 1-8 ～ 1-10 所示。

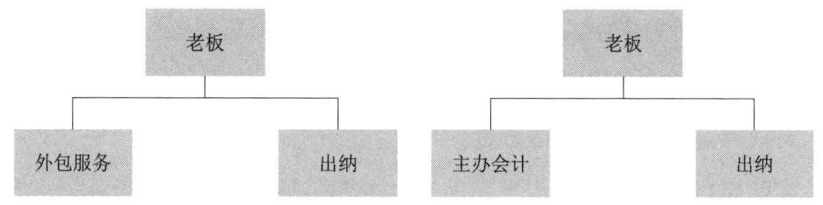

图 1-8　初创期企业财务部组织架构　　图 1-9　成长期企业财务部组织架构

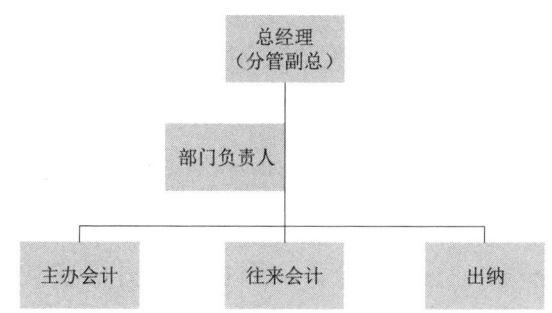

图 1-10　成熟期企业财务部组织架构

以下是三个不同阶段的财务部组织架构及其相应的服务需求。

1. 初创期企业财务岗位设置

在初创期，企业的财务结构相对简单，通常由老板（或老板娘）直接管理，辅以财务外包服务和行政出纳。此时，企业对财税服务的需求集中在合规性上，需要专业的财税机构提供以下服务。

代理记账：确保账务处理的准确性和及时性。

税务申报：依法完成各项税务申报工作。

财务咨询：提供初创期企业所需的财务和税务咨询服务。

2. 成长期企业财务岗位设置

随着企业的成长，财务部门开始扩展，包括主办会计和出纳等岗位。成长期的企业除了需要维持财税合规外，还需要以下服务。

财务培训：提升企业内部财务人员的专业能力。

财务顾问：为企业的发展规划提供财务专业建议。

财务管理：建立和优化内部财务管理流程。

3. 成熟期企业财务岗位设置

成熟期企业的财务部门更加完善，可能包括总经理、分管副总、部门负责人、主办会计、往来会计和出纳等岗位。此时，企业对财务服务的需求更加多元化，包括以下内容。

股权设计：为企业的股权结构和激励机制提供咨询。

税收规划：利用税收优惠政策，优化税务成本。

财务战略规划：为企业的长远发展提供财务战略规划。

一家初创科技公司的财务管理升级实战

一、案例背景

一家初创科技公司在快速发展的过程中，财务管理成了其面临的一大挑战。为了支撑业务的持续增长，该公司急需优化账务处理和税务申报流程，以确保财务数据的准确性和合规性。

二、转型措施与成效

1. 日常账务管理优化

通过引入专业的财务外包服务，该公司实现了日常账务处理的精准与高效。服务团队负责发票管理、收支记录、资产负债表维护等工作，确保了财务数据的实时性和准确性。这一举措使得公司内部会计处理时间节省了70%，从而能够更专注于核心业务的发展。

2. 税务申报与合规强化

专业团队为公司提供及时的税务咨询和申报服务，助力其顺利通过税务局的审计。同时，通过合理利用税收优惠政策，有效减轻了公司初期的税负压力，确保了税务合规性达到100%，无一次税务违规记录。

3. 财务能力培养与提升

随着公司的不断成长，外部服务团队开展了一系列的财务培训和顾问服务。这不仅帮助公司内部团队提升了财务规划和分析能力，还建立了一套成熟的财务管理体系，为公司的持续成长提供了坚实的支撑。内部财务团队的能力因此提升了50%。

4. 股权设计与税收规划优化

进入成熟期后，公司获得了量身定制的股权结构设计方案，并享受了高级税收规划服务。这些措施有效降低了公司的成本，优化了财务结构，显著提高了市场竞争力。最终，公司实现了税后利润20%的增长，股东价值年增长率也达到了15%。

三、客户反馈

"专业的财务外包服务不仅帮助我们度过了初创期的财务困境，更伴随我们一路成长为行业的佼佼者。如今，我们拥有了一个强大且成熟的财务管理体系，这为我们的未来扩张奠定了坚实的基础。"——该公司CEO（首席执行官）

四、数据支持

财务处理效率提升70%。

税务合规性100%，无一次税务违规记录。

内部财务团队能力提升 50%。

税后利润增长 20%。

股东价值年增长率达到 15%。

六、会计岗位人力成本

在商业运营中，掌握财务和税务的核心要素对企业至关重要，它们像是企业的导航系统，指引着商业行为。而关于会计人员的成本和能力问题，很多企业老板或许缺少一些认知。有的企业客户在接触到一张显示财税合规客户的定价图时，可能会感到惊讶。图 1-11 显示的是，客户只需支出 5 万元，即可共享实际价值可能达到 10 万元的总账会计服务和价值 15 万元的财务经理级服务。从人力成本的角度看，这相当于只花费了这些专业服务 10%～20% 的价格，大多数客户一旦仔细算过账，都会认为这是一个非常划算的选择。

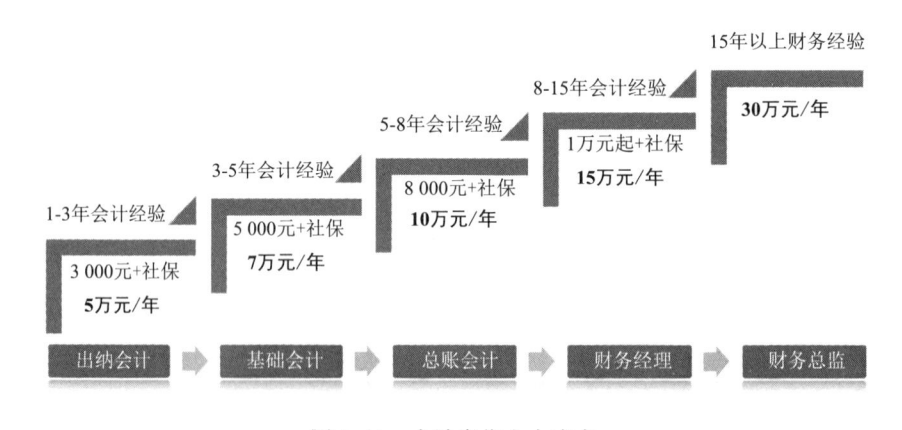

图 1-11 会计岗位人力成本

然而，在实际的沟通过程中，有些客户可能会提出疑问：为什么不自己招聘一个 10 万元年薪的会计，也许成本略高，但人员归我所有，并且能完成所有会计相关工作？对此，瑾桐会采取类比的方式向老板解释："老板，您想得很周全，但让我给您打个比方。会计这个职业就像医生一样，需要证书加上丰富的实践经验。比如，医院的主任医生虽然有打针技术，却不一定亲自给每个病人打针一样。如果您招聘的10万元年薪会计愿意做基础的出纳和会计工作，可能就说明他的能力并没有财务经理那么高。一个真正能力达标的会计，他会力争成为财务经理，而非在一个岗位上做所有工作。就这么简单的道理，一说客户通常就明白了。"

我们通常会讲述一个具有启发意义的故事，向客户阐述为什么必须具备财务思维。一个不了解财务的企业是没有前途的。在一个企业内部，不同的部门如果缺乏基本的财务知识，可能会引发下面一系列问题：

销售部如果不了解财务常识，可能会签订成本过高的订单，而且在退换货服务上处理得过于随意。

采购部如果不了解财务数据，采购发货的不及时会导致产品损坏或过期，而这些损失并未被充分意识到。

生产部如果不了解财务思维，可能会视资源浪费为理所当然，而不会报告库存积压的问题。

研发部如果不了解财务知识，可能导致研发开支无人监管，设计成本过高。

人事部若不了解财务知识，可能会导致招聘成本过高，福利过剩，或在劳动纠纷中处于被动。

最严重的是，如果财务部门自身对税务和财务分析缺乏足够理解，企业将难以有效用好每一分钱。

而最可怕的是，老板如果不了解财务，就如同没有导航系统的司机，只能凭感觉前行，极有可能迷失方向。

对于中小企业而言，老板不懂财务而且不重视财务，是企业发展面临的重大障碍之一。如果老板自身都无法理解财务的价值，又怎能期待真正的财务人才愿意加盟呢？因此，要想彻底改变这种状况，中小企业的老板们必须深化自己的财务知识，重视并加强对财务职能的投入。只有当财务数据成为所有人共同的语言和工具时，企业才能更加稳健地成长和发展。

第四节　金税新纪元：应对四期挑战的智慧

在金税新纪元，企业面临挑战与机遇。金税四期工程推进，税务数字化转型加速，企业需适应更严格的税务合规要求。这包括税务申报准确性、税务优化、风险管理和内部控制等方面。企业需加强税务信息化建设，确保数据准确性和完整性，升级改造财务系统，实现与税务机关数据对接。利用大数据和人工智能技术，有效进行税务优化，降低税负，避免风险。企业应重视税务合规培训，提升员工税务意识和专业能力，定期组织培训，了解最新税务政策和法规。企业应建立税务风险管理体系，进行风险评估，及时处理税务问题，并与专业税务顾问合作，增强风险应对能力。企业应积极参与税务机关培训和交流，加强沟通协作，提高税务申报效率和质量，如图1-12所示。

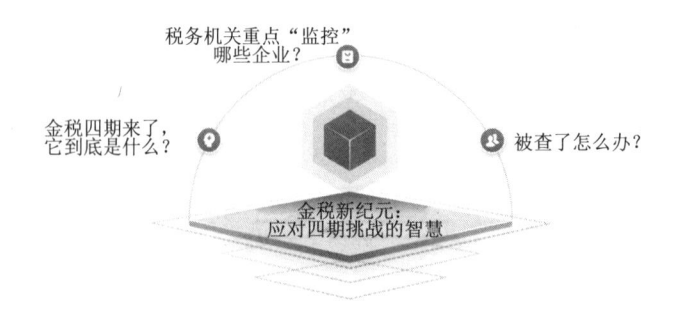

图1-12　应对金税四期挑战的智慧

一、金税四期来了，它到底是什么

工作中，我陆陆续续接待了众多朋友，金税四期是我们口中的高频词语，每当提及金税四期，朋友们总是显得格外紧张，仿佛面临着一场严峻的挑战。你只要在互联网上随便一搜，就能看到诸如"金税四期来了！会是谁的噩梦？""金税四期，'天网时代'即将来临"……金税四期似乎被描绘成了无所不能。有人说，金税四期能够实现跨部门的数据通联；也有人认为，金税四期能够直接查询到老板和高管的银行流水，仿佛老板们哪怕是上街称斤葡萄，税务系统都能立刻得知。

那么，金税四期到底是什么？我们究竟需要了解哪些内容呢？

1. 金税

让我们来思考一个问题：何为"金税"？

现在来回顾一下金税系统的发展历程。

我们可以将国家比作一家大型的企业，而金税系统则是这个国家企业的 ERP（企业资源规划）系统，通过这一系统来管理和运营国家财务。所谓"金税"，其实是金税工程的简称，是国家的"十二金"工程之一。回溯至 1994 年，我国实施了分税制改革。其中，对增值税专用发票的监管成为了当时最为棘手的挑战。众所周知，增值税属于流转税的范畴，它涉及复杂的上下游税额抵扣问题。而作为增值税抵扣的关键凭证，就是我们日常提到的专用发票。

随着增值税制度的全面推进，如何有效管理这些发票，自然上升为了首要任务。正是出于这一背景，国家吸收国际先进经验，运用高科技手段结合我国增值税管理实际设计的高科技管理系统，启动了金税工程。该系统由一个网络（即国家税务总局与省、地、县地方税务局四级计算机网络）、四个子系统（即增值税防伪税控开票子系统、防伪税控认证子系统、增值税稽核子系统和发票协查子系统）构成。

因此，金税工程实际上就是利用覆盖全国税务机关的计算机网络对增值税专用发票和企业增值税纳税状况进行严密监控的一个体系。

2. 金税前三期

了解"金税"的概念，那么我们再来探究"金税四期"中"四期"的含义。既然提到是"四期"，那么显然之前已经有过一期、二期和三期。

这里，我们可以明确一点：金税四期实际上是对金税系统的一次升级，而非一项全新的法规或系统。

回顾历史，金税一期伴随着增值税的全面推行而诞生，主要目标是开发一个增值税专用发票的交叉稽核系统。然而，受限于当时的电子化技术，需要手工录入专票信息，不仅错误率极高，而且仅在50多个城市进行了试点，未能覆盖到其他地区。最终，金税一期并未能成功推广，在1996年宣告终止。

吸取金税一期的经验教训，金税二期继续完善了交叉稽核系统，并着重解决了防伪税控问题。从1998年到2003年，金税二期进行了试点，并逐步推广。金税二期通过对增值税专用发票进行全面监控，基本实现了对增值税相关犯罪和偷逃税行为的监管。

金税三期始于2003年，与金税二期的推进同步进行。到了2013年，金税三期在广东、山东、河南、山西、内蒙古和重庆六个省级单位的税务局进行了试点。2016年，"营改增"改革之后，金税三期在全国范围内上线。2018年，随着国税与地税的合并，各自的金税系统也进行了并库。因此，在2019年，金税三期的并库版正式上线，至此，金税三期发展至完整形态。

在金税三期的建设过程中，社会上已经有人开始对这一系统的能力进行了各种描述，其中不乏一些夸大其词的说法。他们宣称金税三期的功能无比强大，一旦系统检测到任何异常，你的账户可能会被标记为"异常"，被列为"失信被执行人"，甚至你的社保领取也会受到影响。

然而，实际上，金税三期并非无所不能。它的核心仍然是税务监管系统。金税系统起初只是针对增值税进行管理，但到了金税三期，它已经发展成为一个综合性的税收系统，可以处理所有的税收数据。

金税三期的能力确实强大，它的覆盖范围已经不再局限于增值税，而是涵盖了所有的税种。因此，金税三期以票控税的目标已经基本实现。

此外，金税三期的数据覆盖范围并不仅限于税收，它还与其他监管部门进行了联网。如果你现在需要进行工商登记，你的信息会自动被抄送到金税系统，形成税务登记信息，并生成"三证一码"。

2019年，社保划归税务征收。2021年，土地出让金也划归税务征收。金税系统的"天眼"正在逐步提升，其集成度和覆盖面也在不断扩大。

3. 金税四期

金税四期在金税三期的基础之上，迈出了更为深入的一步，它不仅纳入了非税务信息，还整合了其他监管部门的数据。随着大数据等前沿技术的融入和日渐成熟，税务监管手段也日益转向智能化。如果说金税三期实现了发票信息的"网络化"，那么金税四期则是将更多维度的涉税数据"云端化"。

我们清楚，金税三期的各种分析模型已经十分强大，但模型分析的基础是拥有充分的原始数据。没有信息的充分共享，许多本可以被提前警示的异常操作就会成为漏网之鱼。

金税四期将逐步消除这些盲点，并且在"云"端以极高的效率捕捉问题所在。从以票控税到以数治税，这正体现了金税四期旨在实现的目标。得益于全电子发票的实施，金税四期将能够更便捷、更及时地揭示出细微的疑点。到了那时，即便是非税务业务，数据的异常也将可能揭示出企业潜在的问题。

随着全面数字化的电子发票（全电发票）的推广，日渐成熟的金税四期不仅将减轻纳税人在发票相关业务上的烦琐负担，还将进一步提升税收监管的整体效能，让那些试图逃避监管的行为无所藏身。

可以说，金税四期代表的是国家推行金税工程计划中的最新版本，即第三期的进阶版。金税工程，作为获得国务院批准的国家级电子政务工程项目之一，汲取了国际领先经验，并结合我国增值税管理的实际情况，打造出这一高科技管理系统。

金税工程的核心，便是利用这个遍布全国税务机构的计算机网络，对增值税专用发票及企业的增值税纳税状况实施严格监管。

金税四期的亮点在于企业信息联网核查系统。这套系统建立了一个平台，使得各部委、人民银行，以及其他银行等机构能够共享信息并进行核查，实现了三大核心功能：企业相关人员手机号码验证、企业纳税状态查询和企业登记注册信息核实。企业纳税登记状态信息对于银行和非银行支付机构了解客户背景、识别客户风险至关重要。

企业信息联网系统还提供了企业纳税登记状态核查功能，使银行和非银行支付机构得以通过此系统确认企业是否纳入税务管理体系，以及具体纳税人的状态（如市场主体注册、注销、异常户、非正常注销等），从而便于各相关部门及时掌握企业动态。

二、税务机关重点监控哪些企业

金税四期上线后，企业更多的信息将被税务部门掌控，很多人都非常关心，税务机关会重点稽查哪些方面呢？哪些企业会成为税务监控的对象？自己的企业是否会成为重点监察的对象？下面的这个案例或许能看出一些端倪。

2024年2月29日，国家税务总局发布消息称，辽宁省朝阳市警税两部门联合行动，依据法律成功查处了一宗利用小规模纳税人增值税优惠政策进行虚假开票的案件。朝阳市税务局第一稽查局依托精确的分析线索，与公安经济侦查部门携手，对涉事犯罪团伙进行了法律制裁。

调查显示，该犯罪团伙操控数个空壳公司，在缺乏真实交易的背景下，滥用小规模纳税人的增值税减免政策，向医药行业下游企业非法开具了1 009份增值税普通发票，涉及金额高达8 273万元。案件主犯邵某因虚开发票罪被法院判处两年有期徒刑，并处以20万元罚金。其他三名团伙成员也因涉嫌虚开发票罪被公安机关移交至检察机关。

1. 税务部门的稽查重点

金税四期的推行标志着税务稽查将更加精细化和严格化。企业必须提升合规意识，确保各项数据的准确无误，以规避潜在的风险和处罚。一般来说，税务部门的稽查重点包含以下方面。

（1）发票管理严格把关

国家税务总局对发票的"三查"原则予以高度重视，即在稽查税收、账目和案件时，必须同时审查发票。这要求企业在开票环节务必确保资金流、发票流、合同流和货物流的一致性。企业应加强存货管理，准确记录进货、销售和库存量，定期进行库存盘点，并制作账实差异分析表，以防止库存账面数据与实际不符。同时，对于虚构成本和虚开发票的行为，企业不仅要面临罚款和补税，相关责任人还可能承担刑事责任。

（2）税负率监控加强

金税三期对企业税负率的监控本已非常严格，金税四期将进一步细化监管。任何异常的税负率波动，无论是偏高还是偏低，都可能引起税务部门的关注和深入调查。升级后的系统将更敏感地捕捉到各行业增值税、所得税税负水平的细微变化，并对企业纳税情况进行深入评估。

（3）社保缴纳规范

随着"社保入税"政策的逐步实施和大数据联网的全面推进，企业的社保缴纳行为受到严密监控。金税四期的实施意味着税务、市场监督、社保等非税业务数据将被统一整合，任何试用期不入社保、社保挂靠或代缴社保的行为都将无所遁形。

（4）打击虚假开户

金税四期和企业信息联网核查系统的结合，将使银行和非银行支付机构能够多维度核实企业相关人员的手机实名信息、企业纳税状态、企业登记注册信息等关键数据。这将有助于更准确地判断企业的真实性，评估其经营状况，并确定其是否具备开户资格。

（5）利润情况审查

税务部门将对报送的资产负债表与利润表之间的勾稽关系进行审查，关注利润表中的利润总额与企业所申报的所得税中的数额是否相符。长期亏损却依然运营的企业，以及行业内利润异常低下的情况，都将被纳入稽查的范围。

2. 税务重点监控的企业

在全电子发票时代，企业的开票行为被置于网络实时监控之下。对于那些上游大企业必须开票而下游部分客户不需发票的企业来说，他们过去可能长期存在留抵税，基本上无须缴纳税款。然而，如今由于所有企业都在统一的网络平台进行开票，系统会针对异常交易发出预警，从而推动企业合规经营，促进市场整体健康。

资金流的监管不再局限于企业的对公账户，法人个人账户、微信、支付宝等均被纳入监管范围。特别是在餐饮行业、零售行业、教育培训行业等领域，尽管公司运作正常，但收入往往流入法人个人账户，这些行业的老板们通常缺乏合规意识。

人力流则反映了企业的用工状况。目前，一些将收入记入法人个人账户的企业，在人力成本支出上也通过个人账户进行，仅在税务账目上申报少量工资以规避个税。这种做法导致法人不得不用私人资金垫付员工工资，从税务角度看，似乎法人正用自己的钱持续运营一家一直在亏损的企业。财税机构长期以来一直这样记录和报税。过去三十年这种三角关系相对平衡，但现今金税四期打破了这一均衡，因此，颠覆我们的往往是时代而非竞争对手。引导企业走向合规才是正确之道。

在税务管理和监督过程中，为了确保国家税收的合理征收和公平性，税务机关会特别关注一些特定类型的企业。这些企业可能存在一定的风险因素，如逃税、洗钱等非法行为，因此更容易受到税务机关的重点"监控"。以下是一些可能会被税务机关特别关注的企业类型。

（1）空壳企业

该类企业通常只存在于纸面上，缺乏实际的商业活动或经营场所。它们可能被用于逃税、洗钱等非法目的，因此成为税务机关的关注对象。

（2）虚开发票的企业

这些企业出售或购买用于虚假交易的发票，严重违反了税法规定。此类行为会导致国家税收损失，因此会受到税务机关的严密监控。

（3）工资长期申报5 000元及以下的企业

一些企业的工资水平可能低于当地的平均水平，税务机关会关注这种情况是否真实反映了企业的经济状况，以判断是否存在逃税行为。

（4）各项指标严重不匹配的企业

若企业的财务指标与行业平均水平或其他相关指标严重不符，税务部门可能将其视为操纵账目、逃避税收的风险。

（5）账实不符的企业

企业的会计账本与其实际经营活动不一致，是税务机关监控的重点。

这种情况可能意味着潜在的税收违规行为，需要进一步审查。

（6）申报有问题的企业

在税收申报中存在错误或疑点，如重复申报或漏报等，会引起税务机关的注意和进一步审查。

（7）税负率有问题的企业

企业的实际税负率若远低于行业标准或波动异常，可能会被怀疑存在避税行为，因此需要接受税务机关的调查。

（8）连年亏损却还在一直运营的企业

连年亏损且未见改善的企业可能会被怀疑其报告亏损的真实性，税务机关会对其进行严格审查。

（9）公转私、私转私频繁转账的企业

这种频繁的资金往来可能是为了隐瞒收入真实情况，转移资产，存在税务规避的行为。税务机关会对此类企业进行密切关注和审查。

三、被查了怎么办

当企业面对税务审计时，采取恰当的策略是至关重要的。企业应当采取积极、专业的措施来面对税务审计，以最大程度地保护自己的合法权益。这包括但不限于提前准备备查资料、积极配合税务检查、寻求专业税务顾问或服务机构的帮助，以及做好行政复议和诉讼的补救措施。在任何情况下，合法合规地经营都是关键。以下是一些建议。

1. 提前准备相关资料

准备商业和财务文件，如合同、发票、货物转移证明、库存记录、运输文件、付款凭证、仓储情况，以及会计记录等；

研发费用额外扣除的相关备查资料；

内部制度文档，包括财务管理、业务操作流程、销售管理、薪酬管理、发票管理等；

企业的财务报表，例如资产负债表和利润表，以及审计报告；

税务局之前发给企业的相关文书，不仅限于涉案文件；

企业之前提交给税务局的资料列表和情况说明；

准备对企业管理层、业务人员和财务人员的访谈提纲，并确保相关人员做好接受访谈的准备。

2. 积极配合税务检查

在税务检查过程中，企业应主动配合，避免隐藏、销毁或拒绝提供涉税材料；

不应妨碍检查人员的记录、录音、录像、摄影或复制与案件相关的资料；

当税务审计部门上门时，企业应指派专人负责接洽，并提供所需材料的清单。

3. 寻求专业税务顾问或服务机构的帮助

遇到税务审计时，企业可寻求专业税务顾问或服务机构的帮助，他们熟悉审计流程，能帮助企业进行合规性评估，纠正潜在问题，并准备必要的审计资料；

专业顾问还能帮助企业回应税务问题，与税务机关沟通协商，提供专业解释和证据，争取最佳结果；

在复杂案件中，专业税务师的介入对于与税务机关的沟通尤为重要，有助于引导案件向有利于企业的方向发展。

4. 准备行政复议和诉讼的补救措施

税务审计部门会依据内部审理程序作出决定，企业应准备好可能的复议或诉讼策略；即使有专业税务师的协助，一旦审计程序启动，企业仍可能面临处理或处罚。因此，企业需要准备好应对复议和诉讼的策略。

第二章　锐意进取：打造转型利器

在市场竞争日益激烈和经营模式不断变化的背景下，企业唯有锐意进取，才能在转型的浪潮中抢占先机。转型不仅是一次技术和业务的革新，更是管理逻辑与运营机制的全面升级。无论是响应政策要求，还是适应市场趋势，企业都需要灵活运用财税管理工具，推动内部流程优化和业务转型的深度融合。这不仅要求企业紧跟法规更新，还要不断升级财税系统的底层逻辑，以确保运营的连续性和稳健性。

本章将引导读者全面理解如何通过构建健全的财税管理体系，助力企业的战略转型。合规管理的升级迭代，可以为企业提供强大的应变能力和安全保障。财税健康检查则为管理层提供了及时纠偏的依据，避免潜在风险的积累。同时，规范财务基础核算是企业长期运营的基石，而财务报告不仅是合规所需，更是展示企业服务能力、提升市场竞争力的重要武器。

在转型的实际操作中，企业不仅需要制定科学的管理方案，还必须掌握执行的艺术。各部门之间的高效协同、财税流程的无缝对接，是实现战略目标的关键环节。在本章内容中，我们将深入探讨从合规提升到财税健康管理的具体路径，并揭示基础核算规范化的操作要点。最后，我们还会分析如何借助精准报价和灵活执行，为企业打造决胜市场的利器。

第一节　合规不止步：升级回旋的底层逻辑

在现代的商业环境中，企业面临财税挑战。法规更新和市场变化要求企业持续关注财税合规性，确保合法性和可持续性。企业需深入理解财税法规，建立专门团队跟踪政策变化，并利用数据分析工具预测风险和机遇。同时，加强内部控制和风险管理，定期进行财税审计，避免违规受罚。此外，企业应通过培训提高员工的财税合规意识，使其成为企业文化的一部分。建议企业从多方面努力，不断升级财税管理策略，以保持市场竞争力和实现可持续发展，如图2-1所示。

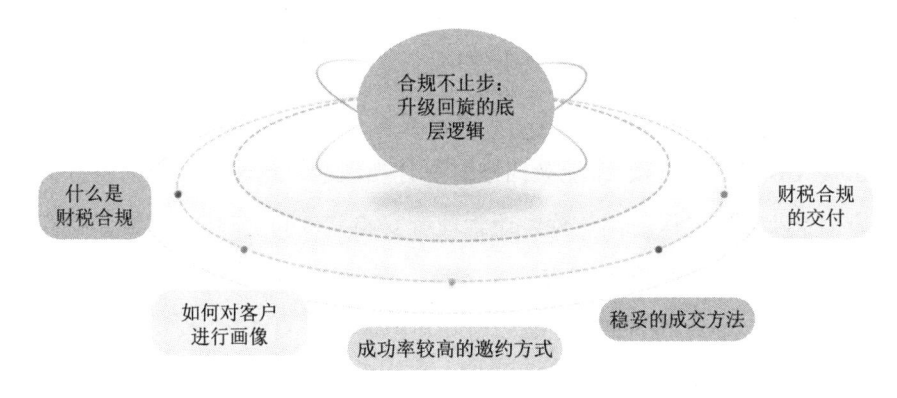

图2-1　合规不止步：升级回旋的底层逻辑

一、什么是财税合规

在过去两年中，财税合规这一议题的热度持续上升，其背后的原因逐渐为人所知。以下几则公开报道或许能为我们揭开一角：

案例一，在2021年11月，杭州市税务局运用税收大数据技术，揭露了网红主播雪某与林某某逃税的行为，并依法追回了9 322.56万元的欠

税款、滞纳金及罚款。（信息来源：杭州国税局）

案例二，2022年12月，杭州市税务局再次运用税收大数据手段，发现另一名网红主播薇某在两年内偷漏税达7.03亿元，随后对其追缴总计13.41亿元的税款、滞纳金和罚金。（信息来源：杭州国税局）

案例三，2022年2月，广州市税务局借助税收大数据，查出网红主播"驴*"逃税总额为3376.77万元，最终向其追缴了6200.3万元的税款、滞纳金及罚金。

案例四，2021年11月，深圳市税务局发现科×科技有限公司利用支付宝账户收款，隐瞒收入高达3411.85万元，结果被处以324万元的罚款。

如今，大数据革命已深入社会各个层面，而金税四期系统更是被誉为大数据监管领域的超级大脑。那些试图擦边政策的所谓"税务优化"，在专业领域往往转瞬即成为潜在的风险雷区。

时代在变迁，环境在变化，企业亦须随之变革。只有摒弃旧有的"惯性思维"和"路径依赖"，积极拥抱财税合规理念，迅速适应新的税务监管态势，企业才能确保稳健运营，让管理者安心"夜间安睡"。那么，财税合规有哪些要点要注意呢？真实的业务流、合理的解释、完整的证据链是财税合规必不可少的三个要点。

1. 真实的业务流

在当今商业环境中，财税合规被视为企业运营的根本原则之一。这个概念早已超越了简单的规则遵循，它体现了一种企业文化，一种诚信经营的姿态。在财税合规的多个方面中，真实业务流的重要性不言而喻。

真实的业务流，言下之意是对于每一笔交易的真实性、诚信性的坚持。当谈及真实业务流时，我们说的是一个完全透明、毫无修饰的经济行为的展现。这不仅是一个财务纪律问题，更是企业道德规范的体现。对每一项经济活动的真实记录，无疑是建立在实际物质交换基础上的，无论是产品还是服务，财务记录必须与之匹配。

在实施层面，对于每一项会计记录的真实性审核成为一项严峻的任务。在任何财务记账发生之前，必须有一个前提条件——即存在一个具体可验证的商业行为。这不仅要求对交易双方进行确认，还要求对交易内容、交易时间、交易方式等诸多细节有清晰而确切的记录。此外，在审查过程中，务必保证每一笔款项的流向、发票的开具都是基于实际业务的需要。

然而，确保真实业务流并不仅仅是对财务数据的核查与记录，更是一种企业内部控制的体现。在财税管理实践中，一个高效运转的内控机制是保障真实业务流的重要工具。从源头上确保交易的真实发生，到对账目的认真核对，此环环相扣的过程不仅为财税合规铺垫了道路，也为企业的健康发展奠定了基础。

对记账时的真实性要求，更强调了对交易本质与金额的准确把握。任何夸大或隐瞒的行为，都是对财税合规原则的明显违背。这不仅会导致失真的财务报告，更会带来诸如税务风险、法律后果等严重问题。因此，企业在进行会计处理时，必须确保所反映的每项数据都是实事求是，无论是对外还是对内，都能够保持一致性和可靠性。

2. 合理的解释

财税合规的另一重要支柱是对于财务和税务决策的合理解释。合理的解释并非随意之词，而是要求企业在每一项关键的财税决策上，都能够在税法的大框架下提供充分的逻辑依据和合法性证明。这种合理性的建立不仅关乎企业的税务安全，更关乎企业整体战略的合理性和可持续性。

首先，合理解释的内涵是多方面的。它要求企业在面对税务规划时，所做的每一个步骤或选择都能找到税法上的依据。比如，某项费用的计算方式、收入确认的时间点等，都需有明确的法规支持。合理的解释是对财税规则的正确解读和适用，意味着企业必须对相关税法有充分的了解和正确的应用。

其次，合理的解释也体现在企业对于财务报表中各项数据背后逻辑的明确表达。在税务审计或是外部检查时，这些合理的解释将直接影响到企业声誉和税务合规情况的评估。因此，企业在做出每一个财税决策时，必须能够预测到可能引发的质疑，并提前准备好全面的解释和证据，以减少审核中的风险。

最后，合理的解释还要求企业在处理复杂的财税事项时，例如跨国税务问题、大型项目投资等，在策略选择上能够给出足够合法的证据。这不仅关系到一个具体的案例处理，更是对企业综合财税能力的一次检验。有时，这些解释甚至需要专业财税顾问的辅助，以确保所提供的证据充分、准确。

合理的解释在财税合规工作中占据着不可或缺的地位。它既是对财税工作人员专业素养的考验，也是对企业治理水平的反映。通过确保每项财税决策都有足够合理的解释，企业不仅能够在税务检查中站稳脚跟，更能够在竞争激烈的市场环境中稳定发展，塑造良好的企业形象。不断提升财税人员的业务能力，完善企业内部的培训机制，丰富专业财税顾问的团队力量，才是企业实现财税合规的有效途径。

3. 完整的证据链

在当今复杂多变的商业环境中，企业的财税合规性已成为其稳健运营的关键。为了确保企业税务申报的真实性与合理性，除了真实的业务流和合理的解释外，还必须建立起一套完整的证据链。这一证据链是财税合规的基石，它涵盖了合同、发票、银行单据、内部审批文件等关键文档，形成了一个全面、连贯的业务记录体系。

首先，合同作为交易的法律依据，详细记载了交易双方的权利与义务，是验证交易真实性的首要文件。企业应确保所有业务活动都有相对应的合同文书，并妥善保存以备审查。

其次，发票是财务交易的直接证明，它不仅证明了交易的发生，还标明了交易的金额和性质。因此,企业必须按照国家规定正确开具和使用发票，并对其进行严格管理，确保每一笔财务事项都能得到准确无误的记录。

再次，银行单据反映了企业的资金流动情况，是核实企业收支是否一致的重要凭证。通过银行对账单，可以清晰地追踪每一笔款项的来龙去脉，确保资金流向的合法性和透明度。

最后，内部审批文件则是企业内部控制体系的体现，它记录了决策过程和执行细节，为企业提供了额外的合规保障。这些文件能够证明企业在进行财务决策时已经过适当的审核和批准程序，增加了企业操作的规范性和可信度。

一个完整的证据链是企业财税合规不可或缺的组成部分。它不仅能够在财税审计中为企业提供坚实的防御，降低法律风险，还能够增强企业的财务透明度和公信力，促进企业的健康发展。因此，企业应当重视证据链的构建和管理，确保每一项财税记录都能够经得起严格的审查，从而在激烈的商业竞争中立于不败之地。

二、如何对客户进行画像

小张是某财税公司新入职的销售顾问，上岗第一天，公司正好有一个大单子，所有的人都抽调过去帮忙了。小张的领导匆匆嘱咐了小张几句，就直接安排小张去拓展客户。小张一头雾水，等反应过来，想再问问领导的时候，发现领导已经走远了。没错，在入职这家公司之前，小张确实有一定的销售经验，但那些销售经验都是其他行业的。正是因为小张当时所处的行业大裁员，他才转战财税的。对于拓展财税服务业务来说，小张可以说是一个新手。因此，小张入职第一天要面对的一个问题就是，财税咨询公司的客户都是什么样的？一般都是什么样的人会来找财税咨询公司做咨询？如果对用户进行画像，那来咨询财税合规的客户都是什么样的？

在财税合规咨询中，为了更好地理解客户的需求并提供个性化的服务，对用户进行画像分析是一个非常重要的步骤。以下是从五个不同的方面对客户进行画像的分析方法。

1. 客户性质

客户是小规模纳税人还是一般纳税人，关系到客户遵守哪些税法规定，以及享受哪些税收优惠。通过了解客户的纳税分类，可以对其财税结构和报税需求有一个基本的判断和认识。

因小规模纳税人销售规模及收入水平都处于相对较低的阶段，通常面临较少的税收要求和较低的税率。相反，一般纳税人则因业务规模较大，面临更为复杂的税务问题和较高的税收要求。此外，一般纳税人能够开具增值税专用发票，对于采购、销售及资本投入都会产生较多的税务考量与优化。

基于此，对于一家专业的财税机构来说，了解客户的税务性质能够帮助其更好地理解客户的财务结构，从而提供更合适的税务优化和财务管理建议。例如，对于小规模纳税人，财税服务可能更多集中在简化报税流程、最大化税收优惠等方面；对于一般纳税人，则可能需要提供更全面的财务规划服务，以应对更多样的税务管理需求。

2. 行业分类

为财税合规服务提供咨询时，行业分类的识别具有决定性的影响。不同的行业有着各自的行业规范、税务规定及业务模式，因此财税顾问需对行业特点及其税务规定有深刻理解，以提供针对性的指导。

例如，商贸行业，随着全球化贸易的发展，进出口税务的相关法规变得异常复杂，企业对此类问题具有较高的关注度。存货管理也是商贸企业的一个关键税务考虑点，存货的量化、估价和流转直接影响着利润表现和税务结果。制造业则主要关注资本密集型的税务问题,例如固定资产的折旧、投资抵扣,以及相关的环保税收优惠。由于生产资料需要长期投入和折旧,资本预算的税务优化极为关键。服务业则涉及知识产权的税务归属、交易和评估等问题。服务业的无形资产和知识产权的税收处理方式很可能会对企业的税收负担产生重大影响。

3. 信任基础

客户与财税顾问之间的信任基础是一种无形的资产,也是财税合规咨询服务中极为重要的一环。它不仅影响着客户对咨询内容的采纳程度,更会长期影响财税顾问的服务口碑和业务持续性。构建信任关系的初始步骤来源于彼此的了解和预期的匹配:一方面,财税顾问需要深入了解客户的商业模式、组织结构、企业文化和财税历史;另一方面,客户也需了解顾问的专业背景、服务案例和解决方案的成功率。随着合作的深入,可以增强互动频率,如定期财税知识分享、实时的税法变动通知、常规财税状况讲评等,能显著提升客户黏性。

客户与财税顾问的劣质信任关系可能导致有效沟通的缺失和误解的产生,从而影响合规建议的执行和问题的及时解决。财税顾问应通过诚信、透明、持续的互动,积极培养和维护这种信任基础。此外,财税顾问需不断反馈合作成果,用数据和案例帮助客户理解信任的重要性。

4. 认知能力

客户对财税合规重要性的认知能力直接影响咨询服务的成效。具备高风险意识的客户,意识到遵从财税规定的必要性后,更可能主动寻求专业咨询并严格遵循其建议。相比之下,认知能力一般的客户可能不愿投入资源来应对财税问题,或对专业建议持怀疑态度。财税顾问在这种情况下需更加小心地平衡解释说明的复杂性和客户的理解能力之间的关系。

提升客户的认知能力是财税顾问的责任之一。通过定制化的财税指导、风险教育和潜在问题的案例分析，可以有效提升客户的风险意识和认知能力，使他们更加理解并重视财税合规的必要性。随着客户认知能力的提高，他们会更加积极地与顾问合作，从而降低财税风险，提高业务操作的合规性和效率。

5.盈利能力

客户的盈利能力是判断其经济状况和税务策略需求的关键指标。在财税咨询服务中，通过分析客户的利润情况和财务预算，顾问可以为客户制定更为适宜的税负管理和利润最大化的策略。盈利能力优秀的客户有可能寻求更为复杂和高级的税务优化，以提高资金的效率，节省税费支出；而那些盈利能力一般或存在困难的客户，则可能更加专注于成本控制和现金流维护。

顾问在进行盈利能力评估时，不仅要关注过往的财务表现，还应探究未来的财务计划和市场环境的变化。客户的成本结构、资金周转速率、债务负担等都需要被纳入审视范围之内。另外，顾问应根据客户的盈利状况和预期，提供量身定制的财税解决方案。例如，对于利润丰厚的企业，重点可能放在税收优惠的申请和税收优化上；而对于盈利能力欠佳的企业，则更需关注税收合规及现金流管理，以保障企业可持续发展。

三、成功率较高的邀约方式

仍以上文中的小张顾问为例，经过一段时间的摸索，他终于对客户的画像有了一定的了解，知道自己该去找什么样的客户了。可是在实际工作中，又犯了难：他给好几个他认为能成交的客户打去电话，没想到对方听他说完第一句话就挂掉了。这种情况重复多次后，小张望着一次也没邀约成功的名单，陷入了沉思，到底哪里出了问题？要从哪些地方入手邀约客户呢？这时候，小张的师父老李（公司为小张安排了一个指导师父）走了过来，默默看着小张打完两个电话，然后对小张说，"来，你到我办公室来一趟……"

在财税服务行业中，有效的客户邀约策略对销售顾问来说意义重大。要实现高效率的邀约，需要考虑获取用户、邀约技巧等。

（1）获取用户

我们需要明确，财税合规服务的潜在客户是谁。显而易见，这些客户主要是各类公司的老板，而非财务总监，一般来说如果公司已经拥有财务总监，它们就不太可能寻求代账服务。

一旦我们掌握了目标客户群的特点，下一步就是识别这些客户的常见来源来吸引客户。第一，开展工商注册代理业务作为吸引客户的入口，可以设定较低的费用，只需确保不亏损即可。同时，可以通过投放电梯广告、公交广告、轻轨广告等方式来宣传，若预算有限，可适当减少投放。

第二，与能聚集众多企业的机构建立合作关系，例如企业管理咨询公司、创业园区、孵化器等，通过资源共享或返佣方式获取客户信息，并进一步开发这些资源。当然，如果这些机构愿意直接推荐客户，效果将更为显著。

第三，利用企查查、启信宝、天眼查等平台根据需求批量导出企业客户信息。这些信息原本就是公开的，但这些平台对其进行了有效分类和处理，便于我们直接使用。获取名单后，财税服务机构可以安排营销团队进行大范围的电话营销，这种方式成本低且效果好，通常一个会员的费用仅需数百元。

（2）邀约技巧

成功的邀约需要精心准备。它必须精准体现财税合规服务的价值和优势。销售的真谛在于成交。无论销售过程多么精彩，如果没有达成交易，那一切都只能是徒劳。然而，顾客并不那么容易被说服，在邀约时，面对不同的情况，可以考虑不同的沟通方式。

当顾客说需要考虑时：我们应该让顾客明白时间就是金钱的道理。我们可以运用询问法、假设法和直接法等方式，深入了解顾客的疑虑，并有针对性地提供解决方案，以帮助顾客作出购买决定。

当顾客抱怨价格太贵时：我们需要让顾客认识到一分钱一分货，物有所值。通过比较法、拆散法、平均法等多种方法来展示产品的价值，使顾客感到物超所值。

当顾客以市场不景气为由拒绝购买时：我们需要引导顾客理解在经济低迷时期购入、高峰期卖出的智慧。通过化小法、例证法等策略，激发顾客的购买欲望。

当顾客要求降价时：我们需要强调价格与价值的关联，以及便宜可能无好货的风险。利用得失法、底牌法、诚实法等方法，使顾客认识到价格的合理性。

当顾客表示其他地方更便宜时：我们需要突出服务的价值，并提醒顾客警惕假冒伪劣产品。通过分析法、转向法、提醒法等技巧，强化我们服务的优势和产品的质量保证。

当顾客称没有预算或钱不足时：我们需要鼓励顾客灵活调整预算，创造条件以实现购买。使用前瞻法等策略，突出产品带来的长远利益和即时需求。

当顾客质疑产品的价值时：我们应该坚定顾客的信心，帮助他们看到投资的远见。采用投资法、反驳法、肯定法等方法，让顾客确信产品的真正价值。

当顾客坚决拒绝时：我们不能接受"不"作为答案。运用比心法、锲而不舍法等技巧，坚持不懈地争取每一次销售机会。

除此之外，后续跟进机制的建立也是一项重要的工作。毕竟，高效的邀约通常需要多次接触和沟通才能转换为实实在在的业务。因此，销售顾问需要在邀约后建立一个有序的跟进计划，包括发送感谢信、定期提供行业资讯、安排后续洽谈等，以便持续维持潜在客户的兴趣。

四、稳妥的成交方法

小张在师父老李的指导下，有了长足的进步，成功邀请到了很多客户。现在又有了新的问题，总结起来就是以下三类。

1.陌生客户来了→销售沟通技巧用了→客户直接成交→客户不付尾款

2.会议室装了→大屏买了→课件做了→讲堂开了→客户来了→预算做了→一直不成交

3.讲堂开了→体检做了→客户要方案→直接报价→客户流失了

…………

在复杂多变的营销环境中，销售顾问如何有效地引导客户走向成交？关键在于掌握营销节奏，通过有序的步骤和阶段来逐步构建信任，揭示需求，并提供解决方案。这一过程中，主要有以下三个步骤。这样，销售顾问就能基本确定一个稳妥的成交路径。

（1）第一阶段：建立基础

第一次会面是销售过程中至关重要的一环。它不仅仅是一个介绍自己的时机，更是建立信任的起点。

汇报体检：向客户展示一个简洁的财税健康检查报告。通过这种体检汇报，顾问可以直观展示企业可能存在的问题或漏洞；另外，通过汇报客户的业务体检结果，也可以展示自己对客户业务的了解和关注，有助于建立专业形象。

沟通现状：与客户进行深入沟通，以了解其当前财税管理的现状。通过讨论客户的具体需求和疑虑来建立信任和理解，这是后续推荐产品或服务的基础。

税收风险：指出客户可能面临的税收风险，并提供对这些风险的预先评估，增强客户对财税合规重要性的认识。这一步不仅能够展现你的专业性，还能为客户创造紧迫感。

盘点预算：讨论客户在财税合规方面的预算安排，为下一步的预算细化作铺垫，同时也有助于后续提出符合客户实际情况的解决方案。

（2）第二阶段：深化关系

第二次会面是在第一次基础上的深化，目的是让客户更加明确自己的需求，并对你提出的解决方案产生兴趣。

细化预算：基于之前的交流，为客户制订更详细、更精确的预算计划。进一步讨论和调整预算，确保提供的解决方案能够在客户的财务能力范围内。

展现案例：通过展示成功案例，给客户以直观印象，展示服务的具体成果和潜在价值，可以增强客户的信心，让他们看到你的解决方案是切实可行的。

财务培训：提供简单的财税合规知识培训，提升客户对相关问题的认识，增加互动，有助于增强客户对咨询服务的认可。

服务报价：结合客户的具体需求，提供一份详细的服务报价清单，让客户了解中间的成本构成，同时感受到价值，从而为他们提供一个决策的依据。

（3）第三阶段：促成交易

第三次会面是整个销售过程的关键。此时的目标是确保客户做出购买决定。

确定预算：与客户确认详细的财税合规服务预算。这是执行阶段前一个重要的步骤，能确保双方对价格和价值的认识一致。

执行对接：详细讨论执行细节，确保服务团队与客户团队之间的顺畅对接，设置明确的时间表和责任人；同时确保客户对解决方案的实施过程有充分的了解和信心。

签订合同：在双方都清晰了解服务条款和期望后，正式签署合作合同。这是成交的实质性标志。

合照留影：最后的合影留念不仅是一种仪式感，也是对此次合作的美好纪念，同时也为双方提供了宣传材料，有助于维护良好的客户关系。

五、财税合规的交付

1. 财税合规交付事项

财税合规交付事项对于任何一家财税服务机构来说都至关重要。这不仅涉及企业的合规性，以及市场信誉，也是自身企业专业性和规范性的一种体现。下面是一个针对财税合规交付任务的时间规划，如图 2-2 所示。

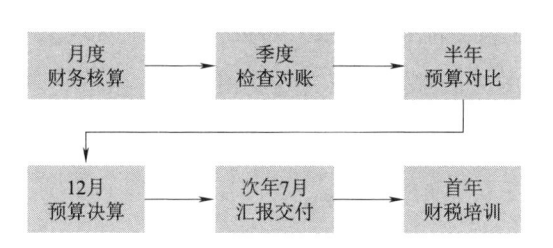

图 2-2　财税合规交付任务的时间规划

月度财务核算是企业财税工作的基础。每月结束时，财务人员需要核算当月的所有财务活动，确保每一笔账目的准确无误。这包括但不限于收支记录、发票核对、税款申报等。月度核算可以帮助企业管理者及时掌握财务状况，发现并处理可能的问题。

季度检查对账则是对月度核账的进一步确认。每个季度结束时，客户企业应对过去三个月的财务记录进行细致的复审，以确保财务数据的完整性和准确性，检查是否存在任何延误或遗漏的交易，对账务进行必要的调整和修改。

半年预算对比是对客户企业运营效率的一次重要检查。通过将实际的财务表现与预算进行对比，可以评估预算执行的效果，发现偏差的原因，并根据实际情况调整接下来半年的财务规划和流程。

12月是一年中的关键时刻，财税团队需要进行年度预算决算工作。这包括归纳全年的财务数据，评估年度财税计划的执行情况，整理财务报告，并为来年的预算计划提供数据支持。

随后，在第二年的7月，汇报交付阶段开始。这个阶段中，财税团队将对上一财年的总结和分析报告交付给管理层和相关部门，通报财务结果和税务情况，提出改进建议和下一步计划。

首年财税培训是对客户企业员工尤其是新员工的一次重要培训。在员工入职的第一年，客户企业应当提供财税合规方面的基础知识和实务操作培训，以确保每位员工都能够理解并遵循相关的财税规定和公司政策。

每一个步骤的完成都需要相应的文档记录、跟进管理和过程优化，通过这些细致的规划和执行，可以确保财务数据的透明度和合规性，为客户企业的长期发展打下坚实的基础。

2. 服务交付流程

财税定制服务预决算汇报流程是财税公司财务管理的重要组成部分（表2-1）。它旨在通过详细的财务分析及预算编制，保障公司财务的持续健康和企业战略的有效执行。该流程可以分为以下几个阶段。

表2-1 财税定制服务预决算汇报流程

序号	分类	流程明细	人员	汇报时长
1	当年决算	汇报财务数据	服务会计	2小时
2		预算比对分析		

续上表

序号	分类	流程明细	人员	汇报时长
3	当年决算	全年预算调整	服务会计	2小时
4		服务优化事项		
5	第2年预算	现场编制明年预算明细表	服务经理	0.5小时
6	需求挖掘	投资方向、团队建设、产品投入、市场情况		

（1）当年决算

首阶段焦点为当年决算的详细汇报和分析处理。服务会计将在大约两小时的时间内完成几项关键任务。

汇报财务数据：服务会计将向管理层展示当前年度的详细财务数据，包括但不限于利润表、资产负债表，以及现金流量表等。

预算比对分析：需要对比实际财务数据与当年的预算，分析两者间的差异和偏差原因。这个过程有助于揭示财务管理中的问题或偏离，有助于寻找调整举措。

全年预算调整：根据实际情况与预算的对比结果，针对预算进行必要的修正和调整，以更好地适应未来可能的财务波动。

服务优化事项：会计将通过决算的分析和发现进行服务优化建议，助力企业优化资源配置，提高财税服务的质量和效率。

（2）第2年预算

进入第2年预算的编制阶段，这是一项计划性强且注重细节的任务。服务会计将再投入大约两小时。

现场编制明年预算明细表：顾问现场运用客户企业的财务数据和市场趋势，根据客户企业的战略发展方向制订详细的预算计划，确保每一项开支都经过严格的论证和合理的预估。

（3）需求挖掘

在财税服务预决算汇报流程的最后阶段，需求挖掘至关重要。服务经理将在约0.5小时内，深入了解企业短期和长期的需求，这涉及以下内容。

投资方向：与客户企业高层交流明确公司未来的投资方向，以确保预算编制能够与公司的发展策略相匹配。

团队建设：讨论团队规模的扩张或技能提升的计划与预算配比，确保人力资源的合理配置和预算的充分利用。

产品投入：详细了解第2年客户企业产品线的发展规划，以及相关研发或市场推广费用的预算安排。

市场情况：评估当前市场环境和未来趋势，确保预算计划能够灵活应对市场变动，有效支持营销和销售活动。

3. 财税定制服务交付流程

提供财税定制服务是一项复杂而细致的工作。它涉及企业财务数据的精确汇报、对客户业务的深层理解、合规事项的指导、必要文件的交付和有效的服务评价。每一步骤都需经过专业会计的服务并且最终获得客户确认。下面是一套标准的财税定制服务交付流程（表2-2）。

表2-2 财税定制服务交付流程

序号	分类	流程明细	负责人员	汇报时长
1	财务汇报	汇报上年度报表数据	服务会计	2小时
2		核对账面最新往来		
3	业务沟通	了解客户当年经营情况		
4	合规指导	书面提出客户未按合规执行的事项及建议		

续上表

序号	分类	流程明细	负责人员	汇报时长
5	档案交付	交付上年度账簿和凭证	服务会计	2 小时
6	服务评价	请客户对上年服务提出服务建议	客户	0.5 小时
7	服务确认	确认后续合同的服务内容	服务经理	

首先是财务汇报阶段。在这个过程中，服务会计将向客户汇报上一年度的财务报表数据，以及最新的账面往来情况。这项工作不仅需要回顾过去，同时还要确保所有数据的准确性。会计在两小时内要详细阐述财务报表的每一项内容，确保客户完全理解在过去一年中企业的财务情况，以便作出明智的商业决策。

其次是业务沟通部分。在另外两小时的会议中，服务会计将深入了解客户当年的经营状况，包括营业额、成本、市场变化等。理解这些信息对于制定合理的财税建议和策略是至关重要的。会计需要与客户就他们的业务发展、目标、挑战，以及机会进行详细的交流，以提供更合适的服务。

财税定制服务不仅涉及数字和数据，也包括指导客户企业如何做到合规。在合规指导阶段，服务会计需要书面列出客户可能未按合规执行的事项及提出相应的建议。这项服务同样预计耗时两小时。会计师需要对企业的财税流程进行全面的审查，确保所有活动都符合当前的法规和最佳实践，并提供明确、具体的指导。

再次，会计将进行档案交付。这个步骤中，客户会收到完整的上年度账簿和凭证，服务会计会用两小时的时间，确保所有文件的完整和准确，并对客户的任何疑问提供解答。这一步骤确保了客户对财务记录有完整的存档和准确的理解。

为了保证服务品质的持续提升，服务评价环节非常关键。客户将花费大约半小时的时间反馈对上年度服务的评价，提出任何需要改进的建议。客户的反馈对服务提供商而言是宝贵的资源，因为它可以帮助会计及时调整服务内容，提高客户满意度。

最后一个阶段是服务确认。在这半小时的时间里，客户需要确认后续合同中的服务内容。通过这一步骤，双方可以对未来一年的服务达成一致，确保所有服务满足客户的具体需求。

以上就是一套财税定制服务的交付流程，它通过六个阶段确保了服务的专业性、全面性和提高了客户的满意度。这种标准化流程能够确保财税服务的质量，同时保持客户与服务提供者之间有效的沟通与良好的合作关系。

第二节　体检有方：财税健康的秘诀

在现代社会，个人和企业越来越重视财税健康。定期进行财税检查，对维护和提升财务状况至关重要。了解财务状况至关重要，包括收入、支出、资产和负债。通过详细的财务报表，为制定合理财税策略打下基础。合理规划税务是维护财税健康的关键。了解和遵守税法规定，利用税收优惠政策减轻税负。投资理财是提升财务健康的有效途径。通过分散投资、长期投资和定期评估投资组合，管理风险，寻求资产增值。定期进行财税审计是确保财务健康的重要环节。通过审计，发现潜在问题，及时调整和优化，确保财务状况稳定和持续改善。

一、财税体检的目的

在现代商业运营中,企业的财税状态如同人体的健康状况,需要定期进行"体检",以保证其正常运作和避免潜在风险。财税体检作为一种重要的企业健康评估手段,目的在于确保企业的财务和税务状况处于最佳状态。以下将详细阐述财税体检的三大主要目的。

1. 评估企业的财务结构和税务合规性

评估企业的财务结构和税务合规性的目的是对企业的财务结构进行全面评估,理解企业资产和负债的配置是否合理,以及企业的收入和支出是否得到优化。财务结构的合理性直接关联到企业的资金效率和盈利能力。一个良好的财务结构可以保障企业在竞争激烈的市场中保持灵活性和竞争力。

税务合规性则是衡量企业遵从税法和政策规定的重要指标。在复杂多变的税收政策环境下,税务合规性的评估可以确保企业按时足额申报和缴纳税款,避免因遵法不当带来的法律风险和额外的财务负担。财税体检能够识别出企业在税务报告、记录保留、税款申报等方面的不足,为企业提供遵循税法的明确指导。

2. 识别可能的财务风险和税务风险

财税体检的第二个目的是识别潜在的财务风险和税务风险。财务风险可能来源于不稳定的现金流、过高的债务负担、不良的投资决策等。而税务风险则可能源于对税收政策的错误解读、申报错误、滞后或逃税等。通过财税体检,专业的财税顾问可以对企业的账务进行细致地审查,揭示出那些可能给企业带来经济损失或法律问题的财务和税务问题点。

在风险识别过程中,财税机构将利用专业的财务知识和分析工具,比如对财务报表进行比率分析、现金流量分析等来检测和评估企业面临的风险，进而采取预防措施，比如制订风险管理计划、改进内部防控体系、优化税收结构等，以降低未来可能出现的不利影响。

3. 提供改善财务管理和税务优化的建议

财税体检的最终目的在于提供一系列改善财务管理和税务优化的建议。根据体检所发现的问题，财税机构可以为企业量身定制一套深化的改进策略。这可能包括调整财务结构、改善税务措施、增强内部控制、提升会计和税务人员的培训、改良信息系统等方面的建议。

例如，通过重构债务安排，企业可以减少利息支出；通过更有效的税收优化可以享受到更多的税收优惠；通过增强内部控制可以减少欺诈和错误；通过提升培训可以增强企业团队的专业能力；通过改良信息系统可以提高数据处理的准确性和效率。

客户企业可以不断改善和完善其财税状况，为未来的稳健发展打下坚实基础。

二、财税体检涵盖的关键内容

财税体检是一项涉及企业多个财务和税务方面的全面检查服务。这些服务的实施对企业的长期健康发展至关重要。

1. 财务报表分析

财税体检的核心工作之一是对企业的财务报表进行细致地分析。通过审查企业的资产负债表、利润表和现金流量表，财税顾问会评估企业的财务状况是否真实反映了企业的运营情况，是否存在资产虚增或负债隐瞒的情况，以及企业的盈利能力和成本管理情况。这一步有助于识别会计错误、职务上的不当行为和潜在的财务隐患。

2. 税务合规性检查

税务合规性的检查旨在确认企业是否严格遵守国家现行税法及相关税

务规定。这包括验证企业所适用的税率是否准确、税基的计算是否恰当，以及税款的申报和缴纳是否遵守规定的时间限制。遵守税法规定是企业维护良好商业信誉和防范法律风险的关键。

3. 内部控制评估

内部控制系统的有效性直接影响企业财务活动的安全性和透明度。财税体检将评估是否有健全的内部控制措施来确保财务报告的准确性，包括但不限于审计流程、财务授权机制和资金管理。评估还将涵盖防止滥用和欺诈行为的相关措施，确保企业资产的安全。

4. 成本和预算管理

企业的成本控制和预算管理直接影响盈利能力和可持续发展。财税体检服务通过评估企业的成本核算准确性、成本控制流程，以及预算编制和执行的效率，帮助客户企业发现成本过高或预算管理不当的问题，并提出相应的改善建议。

5. 资金流动性分析

良好的资金流动性是确保企业顺利运营的基础。财税体检将审查企业的现金及现金等价物的流入和流出情况，分析企业是否拥有足够的短期资金来应对运营中的各项开支，评估企业的流动资产和流动负债情况，以保证应对突发事件的足够资金缓冲。

三、财税体检的标准化流程

为了保障企业的财税健康，执行一次全面细致的财税体检至关重要。财税体检的流程一般涉及以下几个步骤，旨在为企业提供具有针对性的财务及税务检查服务。

1. 初步接洽

第一步是初步接洽，财税顾问将与企业进行初步的沟通，结合企业的行业特点和经营规模，了解企业在财务和税务方面具体的服务需要和关切重点。这一步骤通常还包括对企业现行财税状况的初步了解，比如企业的财务管理体系、税务处理流程，以及过往是否有税务争议等情况。

2. 资料收集

完成初步沟通之后，财税顾问会收集企业的财务、税务及相关领域的资料，包括近期的财务报表（资产负债表、利润表、现金流量表等）、税务申报记录、交易合同、会计凭证、内部管理流程文件、以往税务检查报告等。这些资料是进行后续分析的基础，需要企业提供完整准确的文件。

3. 数据分析

通过先进的财税分析工具和经验丰富的专业知识，财税顾问对收集到的数据进行详细分析。这一阶段涉及对资料的核对、分类和解读，顾问将通过比率分析、趋势分析等手段，识别财务报表中的异常指标、评估税务合规风险、潜在的税务优化机会及财务管理过程中可能存在的弊端。

4. 报告编制

在完成了全面的数据分析后，财税顾问会根据分析结果编制一份详细的财税体检报告。报告一般会包含以下内容：财务数据的摘要、主要的财务和税务问题、存在的风险点、违规的可能性评估，以及具体的改进建议。改进建议将提供可行的解决方案和步骤，用于整改识别的问题，并优化企业的财税管理。

5. 报告呈递

财税顾问将体检报告正式呈递给企业高层管理者或相关部门，通常会组织一个解释说明会议，帮助企业理解报告内容，并对每项发现和建议进行详细讨论。在报告呈递阶段，顾问也会倾听企业对报告的反馈，结合企业实际运营和管控情况，讨论下一步的行动计划。

6. 后续行动计划的制订

财税体检的流程并不是在报告呈递后就结束了。在企业内部讨论并决定接受部分或全部建议后，财税顾问将协助企业制订实施改进建议的具体行动计划。这个阶段可能包括制定时间表、分配责任人、调整内部控制流程、改进会计处理方法、制定应对税务风险的措施等。

财务健康透视
——一家中型企业财税体检经历

这家中型制造企业成立于2005年，主要从事汽车零部件的生产与销售。经过十多年的发展，企业已逐渐在行业内站稳脚跟，并积累了丰富的客户资源。然而，随着业务的不断扩展和市场竞争的加剧，企业逐渐感受到财务管理复杂性的增加。2020年以来，该企业开始涉足国际市场，业务范围逐渐扩大。这虽然为企业带来了更多的增长机会，但同时也带来了更加复杂的财务管理挑战。不同国家和地区的税法差异、外汇风险管理、成本控制等问题逐渐凸显，使得企业的财务管理压力倍增。

在这样的背景下，企业管理层决定对企业的财税状况进行一次全面的"健康检查"，以期识别并解决潜在的财务和税务风险，为企业的未来发展奠定坚实的基础。

一、体检过程

1. 初步接洽与需求明确

经过多方比较和筛选，企业最终选择了一家在业内享有盛誉的财税咨询公司进行合作。在初步沟通中，企业明确表达了对财税合规性、税务优化，以及财务透明度的迫切需求，并希望借助专业力量，为企业的财税健康把脉。

2. 资料收集与整理

财税咨询公司迅速响应，全面收集了该企业过去三年的财务报表、税务申报记录、内部审计报告，以及其他相关的财务和税务文件。这些资料涵盖了企业的收入、成本、利润、税负等多个方面，为后续的体检提供了翔实的数据基础。

3. 深度数据分析

财税咨询公司的专家团队对收集到的数据进行了细致入微的分析。他们不仅关注了收支情况、资产负债结构等常规指标，还深入剖析了税务申报的准确性和及时性，以及内部控制流程的有效性。通过对比行业标杆和历史数据，专家团队发现了多个潜在的财务风险点，如成本控制不力、税务申报不规范、内部控制流程存在漏洞等。

4. 报告编制与问题呈现

分析结果被精心整理成一份详尽的财税体检报告。报告不仅指出了企业在成本控制、税务申报和内部审计方面的不足，还通过图表和数据分析，直观地展示了这些问题的严重性和可能带来的影响。同时，报告提供了针对性的改进建议，为企业后续的整改指明了方向。

5. 报告呈递与行动规划

财税咨询公司将体检报告正式呈递给企业，并与企业管理层进行了深入的讨论。双方共同确定了改进的优先级和行动计划，包括加强内部控制、优化税务策略、提升财务透明度等关键措施。

二、体检成果与影响

通过这次财税体检，企业不仅识别并解决了多个潜在的财务和税务风险点，还建立了一套更加完善的内部控制体系。体检结果显示，企业的成本控制能力得到了显著提升，税务负担也得到了优化。此外，财务数据的透明度和决策的质量均得到了明显提高。

据统计，体检后企业的成本控制效率提升了15%，税务合规性达到了98%以上，财务数据的透明度提升了20%。这些改进不仅提升了企业的财务管理水平，还增强了与投资者和合作伙伴的信任关系，为企业在市场中的进一步扩张和业务发展奠定了坚实的基础。

四、财务体检的四大表单

1. 财税体检表

财税体检表是诊断企业财税健康状况的重要工具之一。它可以帮助企业自检全面的财务活动，包括但不限于收入、支出、资产、负债和股东权益等多个方面。同时，它也能揭示潜在的财税问题，指导企业进行必要的调整。财税体检的目的如图2-3所示。

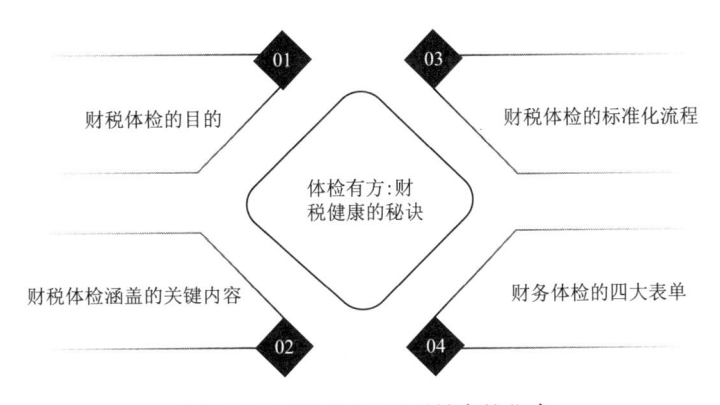

图2-3 体检有方：财税健康的秘诀

体检的过程开始于对企业过去一年财务数据的全面归纳，识别关键的财务指标，如流动比率、资产负债率和净利润率等，这些指标能揭示企业财务的健康度。接着，企业需要对比预算和实际的财务表现，从中找出偏差，比如预算超支或是收入未能达标的项目，从而有针对性地调整管理策略。某公司2024年度财税体检表（表2-3）。

表 2-3　某公司 2024 年度财税体检表

序号	分类	详细说明	2024 年数据	风险点
1	销售收入	主营业务收入	核对一致 6 190.64 元	收入和人力成本严重不匹配，存在隐瞒收入风险
		增值税	销项税额 685.46 元，进项税额 13 443.54 元，期末留抵税额 13 253.15 元	进项税额大于销项税额，存在隐瞒收入的风险
2	销售成本	进项税额发票	销项税额：除臭剂、兽用驱虫药、宠物饲料、宠物用品；进项：饲料、液体钙；存货 13.9 万元；综合成本率 80%	1. 开票进项明细和销项明细不匹配；2. 无进销调存和成本结转明细账，存在稽查风险；3. 存货是否账实相符
3	人力成本	工资社保	2024 年 2 人，工资总额 83 284 元，人均月工资 3 470 元；法人全年薪资收入 39 288 元	无银行发放记录，存在核查风险；法人费资较低，缺乏真实性
4	银行存款	建行马鞍山路支行	无流水	无法真实反映业务收支情况
5	固定资产	房产、汽车、电子设备、办公家具等	无车辆	公司名下没有汽车，却有加油票报销，与实际经营逻辑不符，存在稽查风险
6	费用发票	费用明细	无办公费、水电费、租赁费等经营费用	无房产，无经营场地租售费，长期未开支经营费用，从账面看运营缺乏真实性

续上表

序号	分类	详细说明	2024 年数据	风险点
7	往来款	法人往来（其他应付）	公司欠法人 315 326.15 元	缺乏真实性，存在隐瞒收入的可能性
		客户往来	无银行流水，余额无法核销	无银行流水，无法真实反映收支情况
		供应商往来	无银行流水，余额无法核销	无银行流水，无法真实反映收支情况
8	利润表	账面利润	净利润：-82 023.48 元，暂无须缴纳企业所得税	连续 7 年亏损仍在持续经营，累计可弥补亏损约 30 万元，存在稽查风险

2. 基础预算表

基础预算表是维持财税健康的基石。某公司 2024 年基础预算表（表 2-4）。一个详细、合理的预算表可以确保企业资金的有效使用，避免浪费，同时也可以作为企业未来财务规划的参考。企业应当依据预算表执行严格的收支管理，为闪存和未来投资留出充足的空间。

表 2-4　某公司 2024 年预算方案

单位：万元

序号	分　类	预算方案	预算金额（不含税）	开票情况
1	主营业务收入	1 200.00	1 062	—
2	成本	88%	935	—
3	工资发放	22 年工资：魏总 8 000+ 文员 3 500+4 500+4 500+4 500=25 000 × 12 月 =30（万元）	30	—

续上表

序号	分类	预算方案	预算金额（不含税）	开票情况
4	社保	社保4人（其中：4月份新增1人）：1 196 312+119 619（元）	5.38	—
5	汽车租赁费	周辆车需要本人带租赁合同、本人身份证、行驶证、机动车登记证书、到税务局开具租赁发票，合计12 000元	1.2	普通发票
6	加油费	全年加油费2万元提供专票	2	专用发票
7	办公费	购办公用纸打印耗材手机等	0.5	专用发票
8	差旅费	住宿费/过路费/交通费/高联票/飞机票/加油票	1	专用发票
9	房租	租赁费30万元	30	专用发票
10	招待费	是供6万元招待费发票	6	普通发票
11	福利费	提供通信费发票228×12=2 736	0.27	普通发票
12	利润		51.08	—
13	企业所得税	按利润的2.5%计算	1.28	—

编制及维护基础预算表开始于深入了解企业的营运模式和战略发展目标。财务团队需要跨部门合作，收集各方的预算需求，然后构建一个全面覆盖、灵活调整的预算体系。在这个过程中，企业应该考虑市场变化、历史数据和长远规划。

3. 服务报价表

服务报价表体现了财税服务的价值。财税服务专业人员需要明确服务内容，制定合理的服务费率，保证服务质量和服务效果。对于企业来说，合理的预算安排不仅能保证必需的财税服务质量，还能够防止在非必要环节上浪费资源。

构建服务报价表时，财税服务团队需要考虑财税服务提供的实际效益，如风险管理、合规保障等，并将这些效益转化为合理的费用。此外，报价表应该体现差异化的策略，针对不同的服务需求提供多级别的服务选项。公司定制财税服务明细表（表2-5）。

表2-5 公司定制财税服务明细表

单位：元

序号	服务事项	服务内容	服务时长	服务频次	年工作日数	年工作日合计数	服务会计月工资标准	服务费	账本费	合计服务费
1	单据整理	分类数剪、整理、折叠、粘贴	每月0.5个工作日	12	6	775	7 000	24 659	200	26 859
2	往来核对	每季提供往未余额表结到客户核对	每季0.5个工作日	4	2					
3	库存商品	进销网存二级核算	每月1个工作日	12	12					
4	工资核算	工资表核算，个税代扣代缴	每月0.5个工作日	12	6					
5	账务处理	根据单据录入凭证，计提结转	每月1个工作日	12	12					
6	社保服务	社保人员增加减少、查询、申报、缴款	每月0.5个工作日	12	6					
7	纳税申报	个税、增值税、所得税、其他税费申报	每月1个工作日	12	12					

续上表

序号	服务事项	服务内容	服务时长	服务频次	年工作日数	年工作日合计数	服务会计月工资标准	服务费	账本费	合计服务费
8	凭证档案	每月整理、打印、归档	每月0.5个工作日	12	6					
9	咨询服务	相关财务问题咨询服务	每月0.5个工作日	12	6					
10	财务报告	每月核算报表，每季度提供资产负债表、利润表、现金流量表	每月0.5个工作日	12	6					
11	账端报表档案	每年打印总账、明细账、财务报表装订成册、交付	每年2个工作日	1	2					
12	工商年检	每年6月30日前完成工商年检工作	每年0.5个工作日	1	0.5					
13	所得税汇算清缴	每年5月31日前完成企业所得税汇算清缴工作	每年1个工作日	1	1					
14	财务基础预算	每年4季度提供当年财务决算和明年的预算						2 000		
		合计			77.5			优惠后价格		24 800

备注：以上表中服务时间参考法定工作日，未在表中列明的其他服务均不在本服服务范围内；人工成本费合计数等于会计工资标准除以法定工作日×年工作日合计数。

4. 执行对接表

执行对接表确保财税各项服务的有效执行。某公司执行对接明细表（表2-6）。企业需要维护一个详细的执行进度表，跟踪财税服务的实施状态，及时调整策略和计划。同时，对接表中应包含各项服务的关键执行人员、执行时间节点，以及所需资源。

制定执行对接表，财务团队应该与各部门密切合作，确保服务交付的高效率。对接表应该强调沟通和透明度，任何关键信息的更新都应实时通报给相关人员，以确保在整个服务周期内实现卓越的执行效果。

表2-6　公司执行对接明细表

序号	客户配合内容	服务内容	服务时间
1	客户每月5号前内提供上月已审核签批的报销单据（工资表、报销或付款单据、非验售合同复印件等）	会计整理、裁剪、折叠、审核	每月15号前
2	客户按照货物的品名和数量安排进项和编项	会计每月按开票内容进行进输调存二级核算	每月15号前
3	客户每月5号前提供上月工资表	会计审核、确认、个税申报、工会经费申报、扣款	每月15号前
4	客户每月5号前提供上月银行流水电子版	会计根据客户提供的原始资料录入凭证	每季20日后
5	客户每月10号前提供社保人员变动信息，无变动群内确认	会计负责社保线上增减、核对、申报、缴款、查询	每月15号前
6	客户每月10号前确认会计提交的申报数据并保证银行存款余额充足	会计负责增值税、所得税、其他税费申报、确认及扣款	每季15号前
7	客户及时准确提供以上资料	会计负责总账核算、成本结转、工资计提、折旧摊销、损益结转	每季20日后

续上表

序号	客户配合内容	服务内容	服务时间
8	客户季度次月25号前核对会计提交的往未数据并及时反馈	会计负责提供往来余额表	4月25日后、7月25日后、10月25日后、1月25日后
9	客户收到交付的纸质凭证后按标准归档	每年整理、打印、归档	次年6月30日前
10	客户收到交付的纸质凭证后按标准归档	每年打印总账、明细账、财务报表、纳税申报表装订成册、交付	次年6月30日前
11	客户收到交付的纸质凭证后按标准归档、电子凭证进行查阅并反馈	支持并提供资产负债表、利润表、现金流量表	每季25日后
12	客户配合提供工商联系人员姓名、手机号、身份证号和验证码	每年6月30日前完成工商年检工作	次年6月30日前
13	客户配合会计对报表数据及时沟通和确认	每年5月31日前完成企业所得税汇算清缴工作	次年5月31日前
14	财务基础	每年4季度提供当年财务决算和明年的预算	每年4季度
15	客户根据理模培训时间安排人员参加开落实到日常工作中	财务基础规范、了解会计语言、了解税费、教您看修三张报表	待定
备注：1.服务时间遇节假日顺延。2.双方各按表中明确的服务内容执行。			

客户确认：_____　　会计确认：_____　　时间：_____

第三节　编织幕后：规范财务基础核算

规范财务基础核算需做到预算管理科学化和经费管理制度化（如图 2-4 所示）。企业需构建全面的财务管理体系，精确记录和透明报告财务活动。制定清晰的财务政策和流程，遵循国家会计准则和税务法规，考虑企业实际运营情况。对财务团队进行专业培训，建立有效的内部控制机制，通过内部审计和风险评估及时纠正偏差。采用现代信息技术提高效率和准确性，自动化处理交易，利用数据分析工具支持决策。建立完善的财务报告体系，定期向管理层和利益相关者提供准确信息。规范财务核算是系统性工程，涉及政策、培训、内控和信息技术，为企业发展奠定基础。

图 2-4　规范财务基础核算

一、预算管理科学化

预算管理是企业管理中的核心环节。一家公司如果没有严格的预算制度，就不可能实施严格的控制，更不可能调动员工的积极性、主动性和预见性。那么，管理便会缺乏科学性和规范性，企业将陷入无序和混乱。为了构建预算管理的科学化体系，以下是几个关键的步骤。

1. 明确预算编制目标

预算编制的目标应当与公司的发展规划和工作重点保持一致。每个单位必须基于公司的整体方向，制订具体的年度工作计划，并根据这些计划详细地编制财务收支计划。特殊事件或专项工程发生时，各单位应该提前准备预案，确保这些计划可行。预算的所有细节应有明确的说明，评审选项的方法要科学和实际，决策的实施要合理坚决。

2. 调查研究基础资料

为了提高预算编制的准确性，调查和基础资料的研究至关重要。基层单位需要了解自己的实际情况和基本数据，对资产进行清查，并对车辆、房屋、宿舍、计算机等设备实施动态管理，避免资源的重复浪费。财务部门应利用这些资料将事中控制扩展到事前控制，从而提高预算编制的质量。

3. 加强部门沟通协作

部门预算的制定并不是财务部门单方面的任务，它需要跨部门的沟通与协作。因为缺乏沟通往往导致编制预算时无法收集到及时和准确的信息。因此，通过加强部门间的沟通和合作，可以提高预算编制的科学性、准确性、完整性，强化预算制定的计划性和规范性。

4. 严格控制预算支出

在执行预算时，必须严格实行预算管理制度。对于大笔支出或特殊的项目支出，需经过业务部门的审定和公司领导的审批。财务部门据此安排资金支出，并严格执行内部控制制度。需要强化业务部门对资金使用的共同管理，通过建立奖惩制度和责任考核制度来提高资金的使用效益。

预算优化引擎
——某大型零售连锁企业的预算管理革新

一家拥有500余家门店的大型零售连锁企业，在快速扩张的过程中，由于缺乏统一、科学的预算管理体系，面临着资源分配不均、资金使用效率低下、成本控制不力等多重挑战。为了打破这一管理瓶颈，提升整体运营效率和财务透明度，企业决定进行一场深入的预算管理科学化改革。

1. 明确预算编制目标，细化战略落地

企业首先根据市场趋势、行业增长率及自身发展战略，设定了年度销售增长20%的宏伟目标。随后，通过召开多次战略研讨会，将这一目标层层分解至各个部门和门店，要求各部门围绕这一目标制订出详细的工作计划，包括但不限于销售策略、市场推广、成本控制等方面，并据此编制出月度、季度的财务收支预算。

每个部门需提交过去三年同期数据对比分析，以及未来一年预期增长率的详细预测，确保预算目标的设定既具有挑战性又切实可行。

2. 深入调查研究，夯实数据基础

企业组织了一次全面的资产清查，涉及库存、固定资产、应收账款等多个方面，同时收集了各门店近两年的经营数据，包括销售额、毛利率、费用结构等关键指标，为预算编制提供了翔实、准确的基础资料。

利用大数据分析工具，对收集到的数据进行深度挖掘，识别出成本节约的潜在领域，如供应链优化、库存周转率提升等，为预算制定提供科学依据。

3. 强化部门沟通，促进协同作业

建立了跨部门预算管理委员会，定期召开预算协调会议，确保信息的及时传递和共享。同时，引入预算管理系统，实现预算编制、审核、执行的全程信息化，提高沟通效率。

在预算编制过程中，销售部门与采购部门共同讨论促销活动的成本效益，物流部门与仓储部门协同规划最优库存策略，确保预算的合理性和可执行性。

4. 严格预算执行，强化成本控制

实施了严格的预算执行制度，所有支出均需经过事前审批、事中监控和事后审计三个环节。对于超预算支出，需经过特殊审批流程，并详细说明原因。

将预算执行情况与部门及个人绩效考核紧密挂钩，设立预算达成奖和成本控制奖，激励员工积极参与预算管理，提高资金使用效率。

通过这一系列改革措施，企业成功将门店运营成本降低了15%，同时员工工作效率和积极性得到了显著提升，预算达成率提高至95%以上。

通过科学化的预算管理改革，企业不仅实现了资源的合理分配，提高了资金使用效率，还有效控制了门店的运营成本，增强了财务透明度。更重要的是，这一改革激发了员工的积极性和创造力，形成了全员参与预算管理的良好氛围，为企业的持续健康发展奠定了坚实的基础。

二、经费管理制度化

制度化的经费管理是确保企业财务健全性和有效性的关键。管理的精髓在于规范，而规范的前提是清晰的财务责任。因此，要实现财务管理的规范化、制度化，必须首先从财务责任的规定做起，确保管理制度的严格性，坚守在岗位职责范围内按规矩办事。

1. 明确岗位责任制

制定岗位责任制是对每位员工进行明确的岗位分配和责任归属，通过签订目标责任书确保分工秩序和责任清晰。在这个过程中，必须科学地设立岗位，并针对财务工作人员的具体任务制定出一套细致的岗位责任体系。这样的系统涵盖了从角色分配到职责明确，再到严格的绩效考核，以及相应的奖惩机制。此种机制的实施，增强了工作的责任感和紧迫感，同时也激励了员工以更高的工作效率和更强的主动性完成职责。

2. 完善财务管理规章制度

作为一个集财务核算、监督、服务于一体的组织，财务部须遵循严谨的管理准则，通过一系列完善的财务管理规章制度来增强管理工作效能。制度上的每个环节，从运作程序到内部控制机制、都需科学规范，确保监督有力、服务到位。会计核算应依据真实合法的经济业务，严格科学地设计内部业务流程，完善资金使用与支付体系。建立一个全面的内部控制制度，以及完整的票据管理制度来严格监控票据的各个环节，确保每个环节的责任人签字。翔实的财务管理规章制度能够规范日常管理流程，提升效率和精准度。

3. 落实经费包干制度

为更有效地控制和管理经费，须按照公司的计划管理办法及物资采购控制程序，对集中采购目录中的物资实行集中管理和支付。在实现指标控制和责任明确的同时，应对难以管理的项目如车辆使用费和印刷费等，实行严格的包干制管理，坚持固定预算的原则，确保超支不补，实现资金的平衡使用。此外，对于某些重点和难点费用，由财务部门统管，业务部门监督，通过行政与经济手段相结合的方式严格控制支出，降低运营成本，从而达到最大化经济效益。

责任明晰，效益提升
——某制造企业经费管理制度化改革

一家专注于机械零部件制造的中小型企业，近年来经历了快速扩张，员工人数从 50 人增长到 500 人，年营业额突破亿元大关。然而，伴随企业规模的迅速扩大，经费管理混乱、成本控制不力等问题逐渐暴露。如财务报销流程不规范，部分费用支出追溯困难；车辆使用费、印刷费等小额费用缺乏有效控制，成本逐年攀升；财务部门工作量激增，但管理效率未见提升。这些问题严重影响了企业的盈利能力与持续发展潜力。

为彻底解决上述问题，提高财务管理的规范性和效率，企业决定实施经费管理制度化改革，具体措施如下。

1. 明确岗位责任制，细化职责与考核

具体举措包括了对财务部门的每个岗位进行详细的职责梳理，明确了从出纳、会计到财务经理等职位的具体职责和工作流程。例如，出纳负责现金管理、银行对账等，会计负责账务处理、报表编制等，财务经理则负责整体财务规划、预算管理等。

同时与每位员工签订年度目标责任书，明确职责范围、绩效指标和奖惩机制。引入KPI（关键绩效指标）考核体系，如报销审核准确率需达到98%以上，财务报表提交及时率须达到99%等，对财务人员进行量化考核，确保责任到人，奖惩分明。

2. 完善财务管理规章制度，强化内控体系

具体举措包括制定了一套详尽的财务管理规章制度，包括会计核算规范手册、内部控制流程指南和票据管理制度等。这些制度涵盖了从采购审批、报销流程到资产管理等各个环节，确保财务管理的每一步都有章可循。

此外，还引入先进的财务管理软件，实现财务数据的自动化处理和分析，减少人为错误，提高管理效率。同时，建立内部审计制度，定期对财务管理进行审查，确保各项制度的严格执行。通过数据分析，发现潜在问题，及时进行调整和优化。

3. 落实经费包干制度，严控成本支出

具体举措包括对车辆使用费、印刷费等难以管理的项目实行经费包干制度。根据历史数据和业务需求，为各部门设定固定的年度预算额度，如车辆使用费每年不超过××万元，印刷费每年不超过××万元等。要求各部门在预算范围内自主管理、自行承担超支风险。

此外，还建立了费用监控系统，实时追踪各项费用的支出情况。对于接近或超过预算80%的部门，及时发出预警信号；对于超支的部门，下一年度将相应减少其预算额度。同时，鼓励部门通过优化流程、节约资源等方式降低成本支出。

4. 加强员工培训与沟通，提升团队素质

具体举措包括定期组织财务人员参加专业培训，如财务法规、税务优化、成本控制等，提升其对最新财务知识的理解和应用能力。同时，建立财务与业务部门的定期沟通机制，如每月召开财务与业务协调会议，确保财务政策与业务需求的紧密对接。

通过员工满意度调查和绩效考核反馈，了解员工对培训和沟通机制的满意度及改进建议。根据反馈结果，不断优化培训内容和沟通方式，提升团队的整体素质和协作效率。例如，培训满意度须达到85%以上，否则需对培训内容进行调整；沟通机制的有效性须每季度进行评估，确保信息的及时传递和共享。

通过一系列制度化改革措施的实施，企业成功降低了运营成本，提高了资金使用效率。财务部门的工作效率和精准度得到了显著提升，财务报表的准确率达到了99.5%以上。此外，由于经费包干制度的实施，车辆使用费和印刷费等小额费用支出得到了有效控制，成本降低了约20%。这一改革不仅增强了企业的财务管理能力，也为企业的持续发展和市场竞争力提供了坚实的财务支持。

三、业务建设规范化

在迈向现代化财务管理的征途中，业务建设规范化不仅是财务规范化管理的关键路径，也是确保整个财务活动可靠性和一致性的基石。自财务业务建设之初，规范化的理念就应当深入到财务工作的每一个环节。

1. 抓好部室硬件管理

加强对财务办公区域、资料室、微机室，以及档案库的规范化建设。这意味着办公室环境应有秩序，财务文档和凭证必须系统地归档存放，资料室要统一装备文件柜、文件盒和标签，并制定统一的财务资料管理规范。同样，财务微机室的设备布局应按照会计和出纳的职责范围进行合理摆放。此外，对财务档案的管理应细致到位，明确年度和内容的标示，以使资料轻松可检索。

2. 严格落实登记制度

财务部门应建立严格的记事本、票据使用记录、文件收发记录及经费结算登记本，并确保记录的及时、完整和准确。手写记录应清晰可辨，确保每一笔收支及时准确入账。重要领域如通行费收入、IC卡（集成电路卡）赔偿等，都应有专门的登记系统，保障票据的准确记录。同时，文件传阅也应有明确的登记责任人，并详细记录处理情况。

3. 完善资料管理制度

财务资料管理要细化到各个类别，包括规章制度、报表资料、财务资料和综合财务资料等。每类资料都应有明确的归属范围，采取定期整理、专柜存放、专人管理的方式来维护。同时，电算化资料的管理也不容忽视，应包含软盘资料、备份文件和相关财务数据，以保证资料安全、便于取用。

4. 加强数智化管理

在业务规范化基础上，数智化管理成为财务现代化的关键。企业应构建智能财务平台，集成预算管理、会计核算等核心功能，运用AI（人工智能）、大数据技术提升自动化处理能力，减少错误，加速决策过程。同时，推动数据集成与共享，打破信息壁垒，实现跨部门数据实时同步，为管理层提供精准信息支持。

风险预警机制同样重要，利用机器学习识别潜在风险，自动触发预警，结合智能审计工具，对关键流程持续监控，确保财务安全。此外，数智化转型需人才支撑，企业应加大对财务人员的培训，培养其数据分析能力、创新思维及数字化工具运用能力，向"业务+技术"复合型人才转型。

大型连锁超市的财务业务建设规范化实践案例

在现代商业环境中，财务管理的规范化不仅是企业稳健运营的基石，更是提升竞争力的必要手段。某大型连锁超市（以下简称"超市"）在全国拥有数百家门店，其财务业务的复杂性和广泛性使得财务管理规范化尤为重要。此处以该超市的实际做法为例，解析如何通过硬件管理、登记制度、资料管理及数智化转型，实现财务业务的全面规范化。

一、完善财务硬件管理，奠定管理基础

超市的财务部负责全国各门店的日常财务事务，因此，其办公区域和硬件设施的规范化管理至关重要。

1. 办公环境管理

财务部的办公区域严格按照职能分区——会计、出纳、审核和档案管理，各岗位所需设备合理摆放，减少工作干扰。

2. 档案库与资料室的管理

所有财务档案按年度和类别存放在统一配置的文件柜中，每份文件盒都有明确标签，如"2023年销售凭证""税务报表"。财务资料室由专人负责管理，并按照超市制定的资料管理手册进行定期检查，确保资料存放整齐、轻松可检索。

二、严格落实登记制度，确保流程透明

针对超市日常财务处理中的多样化票据和文件，超市制定了一套详细的登记制度。

1. 票据管理

门店销售产生的发票、折扣券及IC卡（如会员卡赔偿或预充值退款）均需严格登记。每张票据的流转从开具、领取到核销均需经过层层审核并在系统中备案。

2. 文件传阅登记

超市采用纸质与电子传递相结合的方式处理文件流转。每一份文件的收发时间、责任人和处理情况都在登记本和系统内详细记录，实现传阅过程的透明化。

3. 经费使用记录

从员工差旅费报销到门店运营费用结算，每笔支出都需录入专门的报销登记系统，并由两级审核以防错误和舞弊。

三、细化财务资料管理，提升管理效率

财务资料的妥善管理对于超市这样的大型企业尤为重要。

1. 分类存档

财务部将规章制度、税务报表、运营分析报告等文件细分，并为每类文件指定专人负责。

2. 定期整理与备份

所有财务资料在每季度整理一次，同时采用电算化系统保存关键数据，并使用云端备份系统每日自动备份，防止数据丢失。

四、数智化管理赋能财务转型

在业务建设规范化的基础上，该超市逐步实现了财务数智化管理，提升了整体运营效率和决策水平。

1. 智能财务平台的实施

超市负责人部署了财务管理系统,将预算管理、核算、报表生成集成于一体。通过该平台,管理层可以实时查看各门店的经营数据,实现资金流动的可视化管理。

2. AI(人工智能)与大数据的应用

系统通过大数据分析各门店的销售情况和资金使用,AI自动生成成本优化方案,为经营决策提供参考。同时,通过机器学习模型,系统自动识别潜在风险,如异常财务报表或门店资金缺口,提前触发预警。

3. 风险控制与智能审计

超市管理层引入智能审计工具,对资金流、库存管理等关键环节进行自动监控和分析,确保财务数据的安全性和准确性。

五、培养数智化人才,提升综合能力

超市负责人深知财务数智化转型离不开复合型人才的支撑。因此,超市加强了对财务人员的培训力度,帮助员工掌握数字化工具和数据分析技能。

1. 内部培训与外部交流

定期组织员工参加财务系统操作和大数据分析的培训课程,并鼓励员工参与行业研讨会,分享学习成果。

2. 绩效考核与激励

超市负责人将员工在数智化工具上的运用能力纳入绩效考核体系,并设立专项奖励,激发员工的学习热情和创新能力。

该大型连锁超市通过加强硬件管理、严格落实登记制度、完善资料管理,以及全面推进数智化转型,实现了业务建设的高度规范化。这一过程不仅提高了财务部门的工作效率和透明度,更为企业的长远发展提供了有力保障。

第四节　报价风采：定制服务的决胜法则

在竞争激烈的财税服务市场中，提供定制化的服务方案已成为众多财税机构脱颖而出的关键。通过精准把握客户需求，从服务内容、服务时长、服务频次及服务成本四个方面精心打造报价方案，财税机构不仅能够展现其专业风采，更能赢得客户的信任与长期合作。

一、服务内容

企业对于财税服务的需求已不再仅仅局限于基础的账务处理，而是更加注重服务的全面性、深入性，以及个性化定制。定制服务，作为财税机构响应市场变化、满足客户多元化需求的重要策略，其核心价值在于"量身定制"，即紧密围绕客户的具体业务场景、行业特性、发展阶段，以及长远规划，精心设计并提供一系列针对性强、高效实用的财税解决方案。

1. **基础账务处理：奠定坚实基石**

基础账务处理是财税服务的基石，它涵盖了日常账务处理、财务报表编制、税务申报等多个环节。财税机构需确保这些基础工作的准确无误，不仅要符合国家法律法规的要求，还要能够真实反映企业的财务状况，为企业的经营管理提供可靠的数据支撑。通过高效的账务处理流程，帮助企业实现财务信息的透明化、规范化，为后续的税务优化、财务分析等工作奠定坚实的基础。

2. **税务优化与咨询：优化税务结构，降低税负**

税务优化与咨询是定制服务中的关键环节。财税机构应深入了解企业的业务模式、盈利结构及未来发展战略，结合最新的税收政策，为企业提供个性化的税务优化方案。这包括但不限于合理利用税收优惠政策、调整税务结构以降低税负、防范税务风险等。同时，持续提供税法解读与咨询服务，帮助企业及时应对税收政策的变化，确保税务合规，最大化保证企业的税收利益。

3. 内部审计与风险管理：构建安全防线

内部审计与风险管理是保障企业财务健康的重要手段。财税机构应定期对企业进行内部审计，通过专业的视角识别潜在的财务风险，如资金流动性风险、信用风险、合规风险等，并及时提出改进建议。在此基础上，帮助企业建立健全的内部控制体系，包括财务审批流程、资产管理、合同管理等方面，以增强企业的抗风险能力，提升财务管理水平。

4. 财务分析与决策支持：赋能战略决策

财务分析与决策支持是定制服务的核心价值所在。财税机构应基于对企业财务数据的深入分析，提供包括成本效益分析、预算控制、现金流管理在内的财务分析报告。这些报告不仅能够帮助企业清晰了解自身的财务状况，还能为企业的战略决策提供有力的数据支持。通过财务分析的视角，揭示企业经营中的优势与不足，指导企业优化资源配置，提升运营效率，最终实现可持续发展。

二、服务时长

在财税服务领域，服务时长的设定是衡量服务机构专业性与灵活性的重要标尺。一个优秀的财税机构，不仅能够提供高质量的服务内容，更应当在服务时长上展现出高度的灵活性和适应性，以满足客户多样化的需求。服务时长的灵活调整，不仅关乎客户体验的优劣，更是财税机构高效响应、赢得客户信任的关键。

1. 按需服务：即时响应，解决燃眉之急

按需服务是财税机构灵活性的集中体现。在现代商业环境中，企业的

财税需求往往具有突发性和不确定性，无论是日常运营中的小问题，还是突如其来的税务审计、政策变动，都需要财税机构能够迅速作出反应。因此，财税机构应提供按需响应的服务模式，确保在客户需要时，能够第一时间提供咨询、解答或处理方案。这种服务模式要求财税机构具备高效的工作流程和专业的服务团队，能够迅速调动资源，解决客户的燃眉之急。

按需服务的优势在于其即时性和针对性。客户无须等待固定的服务周期，即可获得所需帮助，这对于提升企业的运营效率、降低财务风险具有重要意义。同时，按需服务也考验着财税机构的服务能力和专业水平，是展示其综合实力的绝佳机会。

2. 定期服务：连续稳定，保障财务管理

与按需服务相比，定期服务更注重服务的连续性和稳定性。财税机构应与客户共同商定服务周期，如月度、季度或年度，以确保企业财务管理的持续进行。定期服务通常包括日常的账务处理、税务申报、财务报表编制等，这些工作是企业财务管理的基石，对于维护企业财务秩序、确保合规性至关重要。

定期服务的优势在于其规范性和预见性。通过固定的服务周期，财税机构可以对企业财务状况进行持续的跟踪和监控，及时发现并解决问题。同时，定期服务也有助于企业建立完善的财务管理体系，提升财务管理水平，为企业的长远发展奠定坚实的基础。

3. 加班服务：特殊时期，特殊支持

在企业的运营过程中，难免会遇到特殊时期或紧急项目，如年终决算、税务稽查、并购重组等。这些时期或项目往往对企业的财务管理提出更高的要求，需要财税机构提供额外的支持。因此，财税机构应提供加班服务选项，确保在客户最需要的时候，能够给予及时、专业的帮助。

加班服务不仅是对财税机构专业能力的一次考验，更是对其服务态度

和责任心的体现。通过提供加班服务，财税机构可以与客户建立更加紧密的合作关系，共同应对挑战，实现共赢。

三、服务频次

在财税服务领域，服务频次的设定是确保服务质量与效率不可或缺的一环。合理的服务频次不仅能够帮助财税机构与客户之间建立稳定的沟通机制，还能够确保服务的持续优化，从而满足客户不断发展的需求。科学规划服务频次，是财税机构展现其专业性和责任心的关键所在。

1. 定期沟通会议：搭建沟通桥梁，共谋未来发展

定期沟通会议是财税机构与客户之间保持紧密联系的重要方式。无论是每月还是每季度安排一次面对面的会议，都能够为双方提供一个深入交流的平台。在这些会议上，财税机构可以回顾过去一段时间内的服务成果，展示工作进展，同时与客户共同讨论未来的服务计划。通过及时的沟通与反馈，财税机构可以更加准确地了解客户的需求变化，从而及时调整服务策略，确保服务的针对性和有效性。

定期沟通会议的优势在于其正式性和系统性。它能够帮助财税机构与客户之间建立一种信任与合作的氛围，为双方的合作奠定坚实的基础。同时，通过定期的回顾与规划，财税机构可以不断优化服务流程，提升服务质量，为客户提供更加高效、专业的财税支持。

2. 日常咨询服务：随时解答，消除客户疑虑

日常咨询服务是财税机构为客户提供的基本保障。通过电话、邮件或在线平台，财税机构应提供不限次数的日常咨询服务，确保客户在遇到问题时能够及时得到解答。这种服务模式不仅能够帮助客户快速解决疑虑，还能够提升客户的满意度和忠诚度。在日常咨询服务中，财税机构应展现出其专业性，为客户提供准确、清晰的解答，确保客户对财税问题的理解透彻。

日常咨询服务的优势在于其即时性和便捷性。客户无须等待特定的服务时间或周期，即可随时获得所需的帮助。这种服务模式有助于提升客户的信任感和依赖感，为财税机构与客户之间的长期合作奠定良好的基础。

3. 年度审计与评估：全面体检，助力企业健康发展

年度审计与评估是财税机构为客户提供的一项重要增值服务。每年进行一次全面的财务审计和风险评估，可以帮助企业全面了解自身的财务状况和潜在风险，为企业的健康发展提供有力的支持。在审计与评估过程中，财税机构应运用其专业知识和经验，对企业的财务数据进行深入剖析，发现潜在的问题和机会，并提出改进建议。

年度审计与评估的优势在于其全面性和深入性。它能够帮助企业及时发现并解决财务问题，优化财务结构，提升财务管理水平。同时，通过审计与评估，企业还可以更加清晰地了解自身的财务状况和风险状况，为未来的战略决策提供有力的依据。

四、服务成本

在财税服务领域，服务成本的设定直接关系到客户的满意度与财税机构的可持续发展。一个优秀的财税机构，在追求自身收益的同时，更应注重客户价值的最大化。因此，在服务成本方面，财税机构应坚持透明化原则，通过合理的定价策略，实现客户价值与机构收益的双赢。

1. 明确报价单：一目了然，消除疑虑

明确报价单是财税机构展示其诚信与专业性的重要方式。在报价单中，财税机构应详细列出各项服务的费用标准，包括基础服务费、增值服务费、特殊项目费等，确保客户能够一目了然地了解服务成本。这种透明化的做

法不仅有助于消除客户对费用的疑虑，还能够增强客户对财税机构的信任感。

明确报价单的优势在于其清晰性和可预测性。客户可以根据报价单提前了解服务费用，从而做出更加明智的决策。同时，明确的报价单也有助于财税机构与客户之间建立一种公平、合理的合作关系，为双方的长远发展奠定坚实的基础。

2. 灵活计费方式：满足需求，优化预算

灵活多样的计费方式是财税机构适应客户多样化需求的重要体现。财税机构应提供按项目计费、按小时计费或包年服务等多种计费方式，以满足不同客户的预算和需求。这种灵活的计费方式不仅能够帮助客户更加合理地控制成本，还能够提升客户的满意度和忠诚度。

灵活计费方式的优势在于其适应性和灵活性。客户可以根据自己的实际情况和需求，选择最适合的计费方式，从而实现成本效益的最大化。同时，灵活的计费方式也有助于财税机构更加准确地了解客户的需求和预算，为客户提供更加个性化的服务方案。

3. 成本效益分析：强调长期价值，实现双赢

成本效益分析是财税机构向客户展示其服务价值的重要手段。在提供财税服务的过程中，财税机构应向客户展示用服务带来的潜在成本节约和效益提升，强调服务的长期价值，而非仅仅关注短期费用。通过成本效益分析，财税机构可以帮助客户更加全面地了解服务的价值，从而做出更加明智的决策。

成本效益分析的优势在于其前瞻性和全面性。它能够帮助客户更加清晰地认识到财税服务对于企业发展的重要性，以及服务带来的潜在收益。同时，通过成本效益分析，财税机构也可以更加准确地评估自身的服务质

量和效果,为未来的服务改进和优化提供有力的依据。

第五节 对接武器:战场上的执行艺术

一、服务事项

执行对接是财税机构与客户之间开展服务前的重要环节,涉及诸多详细的服务事项,目的在于确保双方对服务内容、责任、流程等达成共识,并形成有效的合作框架。服务事项如图2-5所示。

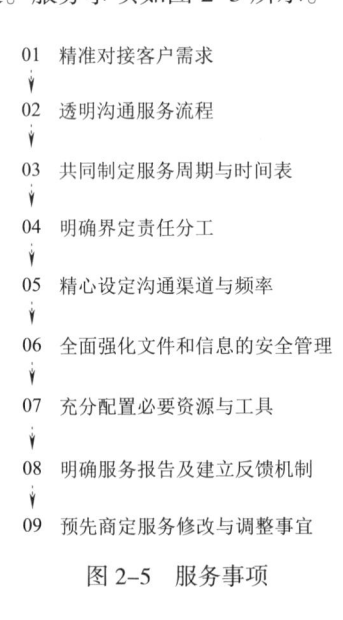

```
01 精准对接客户需求
    ↓
02 透明沟通服务流程
    ↓
03 共同制定服务周期与时间表
    ↓
04 明确界定责任分工
    ↓
05 精心设定沟通渠道与频率
    ↓
06 全面强化文件和信息的安全管理
    ↓
07 充分配置必要资源与工具
    ↓
08 明确服务报告及建立反馈机制
    ↓
09 预先商定服务修改与调整事宜
```

图2-5 服务事项

1. 精准对接客户需求

在与客户初次接触的阶段,财税机构的首要且核心的任务是深入并精确地复核客户的具体需求。这不仅仅是一个信息收集过程,而是一场全方位、多层次的需求探索。比如,对于一家正处于快速增长期的科技企业,其账务处理可能涉及复杂的研发费用分摊、股权激励的会计处理等;而对于一家跨国企业,税务申报则可能涉及多国税法的合规问题,以及跨境交易的税务优化。

此外,客户对于财务规划的长期目标也可能涵盖资金运作的优化、成本控制策略的制定,乃至企业未来上市的财务准备等。同时,合规审计的标准也可能因企业所处行业、规模大小及业务特性的不同而有所差异。

2. 透明沟通服务流程

服务流程的透明化是提升客户满意度、建立信任关系的桥梁。财税机构应当以一种清晰、易懂的方式,向客户详细阐述每项服务的执行流程。例如,在财税数据的收集环节,机构可以明确告知客户需要准备哪些类型的财务资料,如销售发票、采购合同、银行流水等,并解释这些资料对于后续账务处理的重要性。在信息的审查阶段,机构会如何运用专业的审计工具和方法,对数据的真实性、完整性进行严格把关。在报表的编制环节,机构将依据会计准则和税法规定,如何确保报表的准确性和合规性。而最终的提交阶段,则包括向税务机关申报、向客户提交财务报告等。

3. 共同制定服务周期与时间表

基于服务内容的复杂性和客户的特定需求,财税机构应与客户携手合作,共同制定一份详细的服务执行时间表。这一时间表不仅应明确服务的开始日期,还应包括项目中的各个重要节点,如数据收集完成时间、初步报告提交时间、最终报告审核时间等,以及整个服务项目的最终截止日期。

例如,对于一家需要在年底前完成年度财务报告审计的企业,财税机构可以与其协商,将服务周期划分为数据准备、初步审计、问题整改、最终审计等几个阶段,并为每个阶段设定具体的时间节点。

4. 明确界定责任分工

在服务协议中，明确财税机构和客户各自的责任范围是确保服务顺利进行的关键。这一界定不仅关乎双方的权利与义务，更是避免服务过程中产生误解和冲突的重要保障。例如，客户可能需要负责及时、准确地提供财务交易的原始凭证，包括但不限于销售合同、采购订单、银行对账单等。

而财税机构则负责基于这些原始凭证，运用专业知识和经验，将其编制成符合会计准则和税法要求的财务报告。此外，对于服务过程中可能出现的问题或风险，双方也应在协议中明确各自的责任承担方式。

5. 精心设定沟通渠道与频率

沟通是确保财税服务质量不可或缺的一环。企业应当与财税机构协商并确定最为高效、便捷的沟通渠道和频率，以确保双方能够随时随地、无障碍地交换信息、反馈意见和解决问题。沟通渠道的选择应充分考虑双方的实际需求和偏好，可能涵盖电话沟通，以便快速响应紧急事项；电子邮件交流，用于传递详细文件和非即时沟通的信息；视频会议，便于远程协作和面对面讨论；以及传统的面对面会议，适合深度沟通和策略制定。

而沟通频率的设定，则需根据服务的紧迫性、复杂性，以及项目的关键节点进行灵活调整。例如，在月度财务报表编制期间，双方可能需要每日或每周进行沟通，以确保数据的准确性和及时性；而在日常运营中，则可能保持每月或每季度的定期沟通，以回顾服务进展和讨论未来规划。

6. 全面强化文件与信息的安全管理

在财税服务领域，客户信息的保密性如同企业的生命线，不容有失。因此，企业必须与财税机构深入讨论，并共同建立一套严格、全面的文件和信息安全管理制度。这一制度应涵盖数据加密技术，确保敏感信息在传输和存储过程中的安全性；访问控制机制，限制对敏感信息的访问权限，仅允许授权人员接触；网络安全措施，如防火墙、入侵检测系统等，防范外部攻击和恶意软件的入侵；以及对敏感信息的物理保护，如锁柜、门禁系统等，防止信息泄露或被盗。

7. 充分配置必要资源与工具

要提供高质量的财税服务，企业必须全力支持财税机构，确保其能够配合所需的一切人力、技术和资源。这包括但不限于专业的会计师团队，他们具备深厚的会计知识和丰富的实践经验；税务顾问，能够为企业提供精准的税务优化和合规建议；审计专家，负责对企业财务状况进行全面审查和评估。此外，企业还应购买先进的会计软件和税务申报工具，如智能化财务管理系统、自动化税务申报平台等，以提高服务效率和准确性。

8. 明确服务报告及建立反馈机制

服务报告是衡量财税服务质量的重要标尺。企业应与财税机构共同商定服务报告的格式、内容和提交时间，以确保报告能够准确反映服务成果和财务状况。同时，企业还应建立一个有效的客户反馈处理机制，鼓励客户积极提出意见和建议，并确保这些声音能够被及时听取、认真分析和积极采纳。例如，可以设立专门的客户服务热线或邮箱，用于接收客户的反馈；定期召开客户座谈会，面对面听取客户的意见和建议；以及建立反馈处理跟踪系统，确保每一条反馈都能得到及时有效的回应和处理。

9. 预先商定服务修改与调整事宜

在财税服务过程中，难免会遇到需要修改或调整服务方案的情况。为了应对这些变化，企业应与财税机构共同商定服务变更的处理方式。这包括明确变更通知的期限，即客户或财税机构在提出变更请求后，应在多长时间内给予对方正式回复；费用调整的计算方法，确保服务变更带来的成本变化能够合理分摊；以及时间安排的变更程序，如何调整原有的服务计划以适应新的需求。

二、客户配合内容

在财税服务领域，客户的积极配合是确保服务顺利执行的关键。以下是财税机构在执行对接阶段通常希望客户配合提供的内容清单，如图2-6所示。

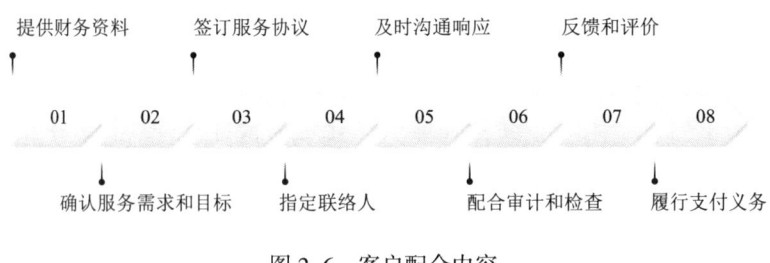

图2-6 客户配合内容

1.提供财务资料

客户应当备齐所有相关的财务文档和证明材料，这些文件涵盖但不仅限于银行往来账户的对账单、详尽的销售与采购业务所开具的发票、员工的薪资发放记录及其相关单据等。这些翔实而完整的财务资料，是确保会计处理程序精确无误、财务分析深入透彻的基石，对于切实维护财务报告的真实性、准确性，以及严格遵循财务法规要求具有不可估量的价值。

2.确认服务需求和目标

在双方举行的对接交流会议上，客户需要阐述自身对于财税服务的具体需求，以及期望达成的目标，这涵盖了税务优化、潜在风险评估、长远财务规划等一系列关键领域的需求点。清晰界定这些需求与目标，将极大地帮助财税服务机构精准把握客户需求，从而精心设计并提供一套完全符合客户期望与实际情况的服务实施方案。

3. 签订服务协议

在确保客户充分理解服务内容、各项条款细节、成本构成，以及双方所需承担的责任与义务之后，客户需与财税服务机构正式签订一份详尽的服务协议。这一正式步骤的完成，不仅明确了双方在合作过程中的法律地位、责任界线及权益保护，还为后续服务的平稳推进与高效执行奠定了坚实的法律基础，确保了合作关系的稳固与可靠。

4. 指制定联络人

为确保信息传递的准确、及时与沟通环节的高效顺畅，客户需要指定一位具有足够权限与责任心的负责人，作为与财税服务机构沟通对接的主要联络人。该联络人将负责内部资源的有效协调、准确传达财税服务机构的具体要求，同时及时将公司内部的财务状况、业务需求及任何变动反馈给财税服务机构。通过指定这样一位专职联络人，可以大大提升双方合作的效率与效果，确保所有事务都能得到迅速而妥善的处理。

5. 及时沟通响应

在财税服务的整个执行流程中，客户方面能否做到及时且有效的响应，对于项目能否顺利、高效地推进具有举足轻重的意义。财税服务机构在为客户处理复杂账务、执行税务申报或是制定财务规划策略时，时常会遇到需要客户就某些特定的财务事项给予进一步的信息支持或做出关键决策的情况。此时，客户若能确保迅速回应财税服务机构的沟通请求，提供必要的信息或确认决策，将可以避免项目进程中出现不必要的延误，有力保障服务的连续性和整体效率，确保财税管理工作能够有条不紊地向前推进。

6. 配合审计和检查

在财税服务项目中，若包含审计或合规性检查等重要环节，客户方面的积极配合便显得尤为关键。客户需要充分理解审计或检查的目的与要求，主动为财税服务机构提供全面、准确的文件资料、业务记录，以及其他必要的支持性材料，以便财税服务机构能够顺利、高效地完成审计或检查工作。这样的积极合作不仅有助于显著加快审计或检查的进程，更能确保最终审计或检查结果的准确性、完整性和可靠性，为客户企业的财务健康与合规运营提供有力保障。

7. 反馈和评价

财税服务完成后，客户所提供的反馈与评价，对于财税服务机构不断提升服务质量、优化服务流程具有极其重要的参考价值。客户应当秉持客观、公正的态度，提供详尽而真实的反馈意见，既要肯定服务过程中的优点与亮点，也要明确指出存在的不足之处，以及需要改进的方向。这些宝贵的反馈信息，将助力财税服务机构精准评估自身服务的质量与效果，从而及时作出调整与优化，以更加卓越的服务水平回馈广大客户。

8. 履行支付义务

根据双方签订的服务协议，客户须按照约定的时间和方式，按时足额支付财税服务费用。及时、完整地履行支付义务，不仅是客户作为企业应具备的基本财务诚信，更是确保财税服务机构能够持续、稳定地提供高质量财税服务的重要前提。良好的财务诚信记录，不仅有助于构建稳固的合作关系，更能为双方在未来开展更加深入、广泛的合作奠定坚实的基础，共同实现互利共赢的长远发展目标。

三、服务时间

在财税机构和客户的合作中，确定服务的时间安排是确保双方协作顺利、效率最大化的关键因素。对接时，服务时间的细节化安排通常包括以下几方面，如图 2-7 所示。

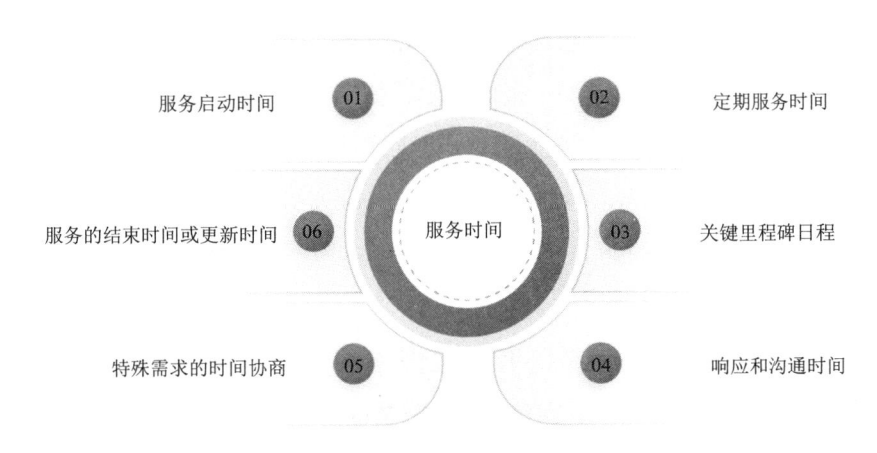

图 2-7 服务时间安排

1. 服务启动时间

在财税服务机构与客户之间的合作正式启动之前，双方需要协商并确定一个明确的服务开始日期。这一步骤通常发生在服务合同正式签署并生效之后，是合作流程中的重要一环。为了确保财税服务机构能够迅速进入工作状态，为客户提供高效、专业的服务，启动服务前的准备工作显得尤为重要。客户需要在此之前准备好所有必要的初步文件和数据，包括但不限于财务报表、税务记录、业务活动详情等。这些资料将为财税服务机构提供全面的信息支持，使其能够迅速了解客户的财务状况和业务需求，从而制订出切实可行的服务计划。通过提前准备这些关键资料，客户不仅能够确保财税服务机构能够迅速投入工作，还能为双方后续的高效合作奠定坚实的基础。

2. 定期服务时间

对于那些与财税服务机构建立长期合作关系的客户而言，制定一个清晰、稳定的定期服务时间表是确保双方合作顺畅进行的关键。这个时间表应涵盖每月、每季度或每年的服务日期，以及税务申报的截止日期等重要节点。通过提前规划并明确这些时间节点，客户可以确保自身的税务事务得到及时处理，避免因逾期申报而产生罚款或其他潜在问题。同时，财税服务机构也能根据这个时间表合理安排工作计划，确保在关键时刻为客户提供及时、准确的服务。这样的定期服务时间安排，不仅有助于提升工作效率，还能增强双方之间的信任与默契，为长期合作奠定良好的基础。

3. 关键里程碑日程

在执行财务审计、税务优化等特定服务项目时，会有一系列关键里程碑需要特别关注。这些里程碑包括实地审核的日期、初稿报告出具的日期，以及最终报告提交的日期等。这些关键日期对于项目的整体进度和最终成果具有至关重要的影响。因此，在项目开始之初，财税服务机构就需要与客户进行充分沟通，共同确认这些关键日期，并在项目时间表中明确标注。通过这样做，双方可以确保项目能够按照既定的计划有序进行，避免因时间管理不当而导致的延误或质量问题。同时，这也有助于提升项目的透明度和可控性，让客户对项目的进展有更清晰的了解。

4. 响应和沟通时间

在服务对接的过程中，财税服务机构应设定并明确沟通和响应的时间框架，这是确保双方合作高效、顺畅的重要保障。对于常规的会计问题咨询，财税服务机构通常应在 24 小时内提供反馈，以确保客户的问题能够得到及时解决。然而，在某些紧急情况下，如税务稽查通知或突发的财务事件，机构可能需要在几小时内甚至立即作出响应，以帮助客户迅速应对并减轻潜在的风险。通过设定明确的响应和沟通时间框架，财税服务机构能够更好地满足客户的需求，提升客户满意度，同时也能够展现出自身的专业性和应变能力。

5. 特殊需求的时间协商

在合作过程中，客户可能会提出一些特殊的时间要求，这些要求往往与特定的业务环境或事件紧密相关。例如，在税收申报的高峰期，客户可能需要财税服务机构提供更为密集的服务支持；或者在公司重大财务决策之前，客户可能希望机构能够进行快速的财务评估。面对这些特殊需求，财税服务机构需要展现出高度的灵活性和应变能力，与客户进行特定的时间进行协商。通过深入了解客户的具体需求和时间限制，机构可以制订出更加个性化的服务计划，确保在客户最需要的时候提供精准、高效的支持。这种特别的时间协商不仅有助于提升客户的满意度和信任度，还能进一步巩固双方之间的合作关系。

6. 服务的结束时间或更新时间

对于那些有明确截止期限的服务合同而言，财税服务机构需要在合同到期前与客户进行深入的讨论，以确定是否续约或更新服务内容。这一步骤对于确保服务的连续性至关重要，能够避免因合同中断而给客户的业务运营带来不必要的困扰。在讨论续约或更新事宜时，双方应充分考虑过去的合作经验、当前的业务需求，以及未来的发展规划等因素。通过充分的沟通和协商，双方可以制订出更加符合实际情况的服务计划，为未来的合作奠定坚实的基础。同时，这也有助于财税服务机构不断提升自身的服务质量和专业水平，以更好地满足客户的需求和期望。

第三章　利刃出鞘：整合专业工具

在企业的财税管理实践中，专业工具的有效整合如同利刃出鞘，能够大幅提升效率和应对复杂环境的能力。在瞬息万变的市场中，仅靠传统的管理手段已难以应对各种挑战。财税人员必须学会使用多种专业工具，不断提升自身的基本功，同时掌握税费管理和会计沟通的精髓。这些工具不仅是应对风险的"防具"，更是企业在激烈竞争中脱颖而出的"武器"。

本章从基础到进阶，目的是帮助读者掌握专业财税工具的灵活运用。扎实的基本功是企业财务体系的起点，而精通沟通技术则是跨部门协作的关键。理解会计语境中的科学逻辑，不仅能确保企业内部的信息传递更加顺畅，还能为管理层提供高质量的决策支持。同时，还应该意识到税费管理的优化是助力企业降本增效的策略武器——将税费管理从"累赘"转化为"装备"。

本章会从三个层面展开讲解。首先，指导读者掌握财务基本功的速成诀窍，打好日常工作的基础；其次，解析会计语境下的沟通艺术，助力财务与其他部门高效协作；最后，带领读者探索税费管理的核心策略，帮助企业将烦琐的税费合规升华为竞争优势。

第一节 新手入门：基本功的速成诀窍

一、收入：企业活力之源

收入在企业持续运营中至关重要。在探讨企业设立的根本宗旨时，我们不禁要问：创建企业的初衷何在？答案无疑是追求利润。然而，这些利润的根源又是什么？答案便是收入。由此可见，在企业的财务报表中，收入无疑占据了核心地位，它不仅映射出企业的规模和盈利潜力，更是企业生存与发展的关键指标。从会计核算的视角来看，由于收入确认原则要求极高的严谨性和审慎性，使得营业收入成为最难以操纵的财务指数之一。但也有企业在收入上做文章。

2012年8月，万福生科披露了其上市后的首份中期财务报告。报告中提及，受到原材料成本上升和资产减值损失的影响，公司当期的净利润较去年同期有所下降。尽管面临挑战，公司依然重申了其在2011年度报告中揭示的2012年经营目标，即致力于实现63 000万元至65 000万元的销售收入，以及7 200万元至7 400万元的净利润。

湖南证监局的检查小组在对万福生科进行常规审计时，迅速发现了中期报告中预付账款的重大异常，其中报告显示预付账款余额为1.46亿元，远超过财务账面的3亿多元，而前一年同期仅为0.2亿元。尽管财务人员提供了解释，但这并未能消除检查组的疑虑，他们继续审查银行流水记录以深入调查。

银行资金流水揭露了一个令人震惊的事实：大量设备供应款并未支付给供应商企业，而是转账给了个人账户；同样，所谓的下游回款也非来自客户企业，而是源自个人账户。在发现银行回单涉嫌严重造假后，湖南证监局立即对万福生科展开立案调查。随着案件的上报，中国证券监督管理委员会（以下简称证监会）也对此事给予了高度关注，并由稽查总队宣布对其正式立案调查。

在进一步的调查中，财务总监无奈地交出了56张由其个人控制的银行卡。稽查队在现场还查获了一个U盘，其中包含了2012年上半年的真实收入数据。最终，调查揭露了该公司伪造银行回单高达14亿元，并虚构收入超过9亿元的严重违规行为。

1. 收入 = 不含税销售额 = 主营业务收入

在讨论企业财务健康时，一点不争的事实是：收入是企业的活力之源。它是企业生存与发展的基础，是企业日常营运的燃料。然而，人们在讨论企业收入时，常常会陷入一种误解，将企业的"收入"仅仅简化为"销售额"、"合同额"、"开票额"或者"回款额"。确实，这些指标是衡量企业经营活动的重要参数，但它们并不等同于"收入"。

根据《中华人民共和国企业所得税法》第六条规定："企业以货币形式和非货币形式从各种来源取得的收入，为收入总额。包括：（一）销售货物收入；（二）提供劳务收入；（三）转让财产收入；（四）股息、红利等权益性投资收益；（五）利息收入；（六）租金收入；（七）特许权使用费收入；（八）接受捐赠收入；（九）其他收入。"

因此，我们可以将不含税的销售额，即主营业务收入作为企业的主要收入。这个定义具有至关重要的意义，因为它剔除了税收因素，真实地反映了企业主营业务的经济效益。这意味着，即使一家企业的销售额很高，如果税后的净收入很低，那么这家企业的财务获利可能也很低。因此，当我们审视企业财务状况时，不应只关注销售数据的绝对数字大小。真正的关键在于如何将销售转化为纯收入，这需要通过合理的成本控制、税务优化和良好的资金管理。企业应该密切关注产品和服务的边际利润，注重产品结构的优化，以及营销策略的调整，以确保收入的最大化。

此外，企业还需将主营业务收入的稳定性视为重点。对于任何想要长期成功的企业来说，能够持续，并且可预测地产生收入至关重要。这不仅能提供资金流，更能提供对企业将来收益增长的信心。

因此，正确理解"收入"的概念，把握其作为企业活力之源的重要性，是制定企业战略和经营决策的关键。每一位企业管理者和财税顾问都应精通如何计算收入，并以此作为衡量和推动公司前进的核心指标。通过对收入细致的管理和深刻的理解，企业可以保持其市场竞争力，实现可持续发展的最终目标。

2. 增值税税率

对于一般纳税人，增值税税率为：

- 销售或进口货物/应税劳务/有形动产租赁服务等的税率为13%；
- 销售或进口农产品/建筑工程服务/交通运输服务、邮政服务/基础电信服务/销售不动产服务/不动产租赁等的税率为9%；
- 现代服务/生活服务/金融服务等的税率为6%；
- 简易计税的税率为3%；
- 出口货物/服务/无形资产的税率为0。

对于小规模纳税人，增值税税率为：

- 征收率为3%，适用于销售货物/加工修理修配劳务/建筑服务等；
- 征收率为5%，适用于房屋、市场租赁，劳务派遣等；
- 年销售额500万元及以下；
- 进项税额不能抵扣；
- 计税方式为应纳税额等于销售额乘以征收率。

举一个实际的例子，要计算不含税的合同额，我们需要将总合同额除以1加上相应的税率。

对于一般纳税人（税率为13%）应纳税额=100÷（1+13%）≈88.50(万元)

对于小规模纳税人（税率为 3%）应纳税额＝100÷（1+3%）≈97.09（万元）

计税方式是差额计税，即销项税额减去进项税额（专用发票）

一般纳税人的增值税计算方式：

- 销售或进口货物 / 应税劳务 / 有形动产租赁服务等（税率为 13%）：当期应纳税额＝当期销项税额－当期进项税额（专用发票）
- 销售或进口农产品 / 建筑工程服务 / 交通运输服务、邮政服务 / 基础电信服务 / 销售不动产服务 / 不动产租赁等（税率为 9%）：当期应纳税额＝当期销项税额－当期进项税额（专用发票）
- 现代服务 / 生活服务 / 金融服务等（税率为 6%）：当期应纳税额＝当期销项税额－当期进项税额（专用发票）
- 简易计税（税率为 3%）：当期应纳税额＝当期销项税额－当期进项税额（专用发票）
- 出口货物 / 服务 / 无形资产（税率为 0）：当期应纳税额＝当期销项税额－当期进项税额（专用发票）

小规模纳税人的增值税计算方式：

- 销售货物 / 加工修理修配劳务 / 建筑服务等：当期应纳税额＝当期销售额×3%
- 房屋、市场租赁，劳务派遣等：当期应纳税额＝当期销售额×5%
- 年销售额 500 万元及以下
- 进项税额不能抵扣

二、成本：控制的平衡术

企业的运营管理中，成本控制始终是个不可忽视的重点。成本控制不仅关乎节约开支，更关乎财务的优化和资源的有效利用。它要求管理者有着敏锐的市场洞察力、高效的决策能力及全面的战略视角。通过其中的一系列平衡术，企业才能在竞争日益激烈的市场中站稳脚跟、实现可持续发展。

在面对成本控制时，企业应以开放的心态，创新的思路和精细的操作，朝着最高效的资源配置和最大化的利润目标稳步前进。

它不单单涉及数字的游戏，更是一种对资源分配的策略和艺术。成本控制的核心目标是创造最大的价值，而这个过程涉及对主材成本、人力成本及费用成本的平衡和管理。下面将深入剖析这三方面，如图3-1所示，并探讨有效的成本控制策略。

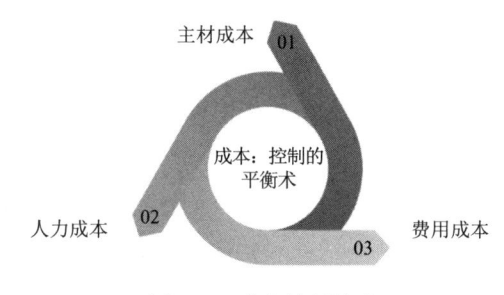

图3-1 成本控制策略

（1）主材成本

主材成本，即向供应商采购材料的成本，是制造业和产品型企业的主要支出之一。有效地控制主材成本，首先，需要从精细化的物料需求规划入手，避免过剩储备带来的库存成本。其次，通过集中采购、长期合作协议或者采购策略优化来降低采购价格。同时，保持对市场行情的敏感，并调整采购周期，以抵御原材料价格波动的风险。最后，高质量的供应商关系管理与协同规划至关重要，能帮助稳定供应，削减紧急采购带来的额外成本。

（2）人力成本

人力成本，涵盖了员工工资、社保、福利费等，是企业发展中的必要投入。控制人力成本，并不意味着简单地裁员或降薪，而是要从提升员工生产效率和绩效出发。优化人员配置，将员工置于其最能发挥价值的岗位上，是控制人力成本的关键。同时，通过员工培训和职业发展机会激发员工的工作热情和创造力，帮助企业以相对较低的人力成本获得更高的生产性。

（3）费用成本

费用成本包括所有与经营活动直接相关的开支。在控制费用成本方面，重要的是建立一套全面的预算管理系统。这需合理评估每项开支的必要性和收益，以及定期检查和调整费用预算来应对经营环境的变化。另外，企业可以通过数字化转型减少纸质文档处理、尝试远程工作或优化业务流程等方式来削减运营成本。在投资决策方面，强调成本效益分析，避免过度投资和浪费。

具体来说，费用又包含销售费用、管理费用、财务费用等。销售费用通常关联与推广和分销产品或服务有关的所有支出，如广告宣传费、销售人员的薪酬、佣金，以及物流和仓储费用等。管理费用则涵盖了公司日常运营中管理层的薪酬、办公设施的租赁和维护成本、行政支出，以及其他与企业管理相关的杂项支出。而财务费用主要指企业为生产活动发生的利息支出、汇兑损失、银行结算手续费，以及与债务相关的其他各种费用。

成本优化，效益提升
——某制造企业的成本控制战略

H公司是一家从事机械零部件生产的中型制造企业。随着市场竞争愈发激烈，客户需求不断变化，H公司不仅面临产品售价压缩的挑战，还需应对原材料价格频繁波动的冲击。过去几年，企业的毛利率逐步下降，管理层意识到，仅依靠传统的销售扩展模式已难以应对新的市场环境，必须通过全面的成本控制来提升竞争力。

经过高层战略会议，H公司确定了三大核心成本控制方向：主材成本、人力成本和费用成本。接下来，我们详细剖析其采取的具体措施，以及这些措施在实际运营中的效果。

1. 主材成本控制——从"压成本"到"增效益"

由于原材料价格不稳定，企业的生产成本在不同批次间波动较大，库存堆积也导致资金占用率过高。H公司采取了以下措施：

H公司引入了一套先进的MRP（物资需求计划）系统，对原材料的采购和使用进行全面规划。这套系统结合市场订单预测，精准地计算每个周期的原材料需求，避免了原料过度采购导致的库存积压。

企业与多家主要供应商建立了长期合作关系，签订了稳定的采购协议。这不仅保障了供应链稳定，还通过批量采购获取了更具竞争力的价格折扣。

在市场行情监测团队的支持下，H公司学会了根据价格波动灵活调整采购时机。比如，在某次金属原料价格大幅下跌前，公司提前锁定了三个月的库存需求，避免了后续市场反弹时的采购成本上升。

通过这些措施，H公司库存周转率降低了15%，并在原材料采购上节省了8%的费用。

2. 人力成本控制——"人尽其才"的用工策略

在过去的一年里，公司中频繁出现加班和人力闲置并存的情况，人力成本难以进一步压缩。H公司采取了以下措施：

梳理了各部门的职能，将部分重复性岗位进行整合，并合理安排生产班次，减少了不必要的加班。同时，新增了灵活用工机制，根据生产需求高峰期和淡季灵活调配员工。

公司推出"多岗一体"培训计划，鼓励员工学习多种技能，使其在不同岗位间灵活转换。比如，装配工人经过培训后可胜任设备检修岗位，这一措施大大减少了人力闲置率。

H公司优化了绩效考核体系，将员工的薪酬与生产效率、产品合格率等指标挂钩。员工在提升自身技能的同时，还能获得更高的奖励，有效激发了团队的积极性。

通过优化人力结构和培训机制，公司的生产效率提升了20%，而人力成本却保持在原水平。

3. 费用成本控制——数字化助力管理提效

公司的运营费用一直偏高，特别是在销售费用和日常管理费用上，浪费现象较为严重。针对这个问题，H公司用以下措施应对：

建立了严格的预算管理体系，将销售、行政和财务费用逐一分解至各部门。每月例会对各项预算执行情况进行跟踪，并及时调整。

过去，H公司依赖大量纸质文件处理，效率低下且费用高昂。现在，启用了数字化审批系统和ERP平台，所有的业务流程均通过系统自动化完成，明显减少了文件处理时间和成本。

公司还重新设计了供应链和生产管理流程，精减了不增值的环节。比如，在客户订单管理中，减少了中间审批环节，使订单处理时间缩短了30%。

在数字化转型的支持下，H公司运营费用降低了12%。此外，预算控制让公司避免了不必要的开支，把更多资金投入到产品研发和市场推广中。

三、薪酬：高效团队的引擎

薪酬管理是企业人力资源管理的核心组成部分，它直接关系到员工的工作积极性和企业的核心竞争力。薪酬管理在企业管理中，相当重要，我们可以通过高效的薪酬体系激发团队潜力，如图3-2所示。

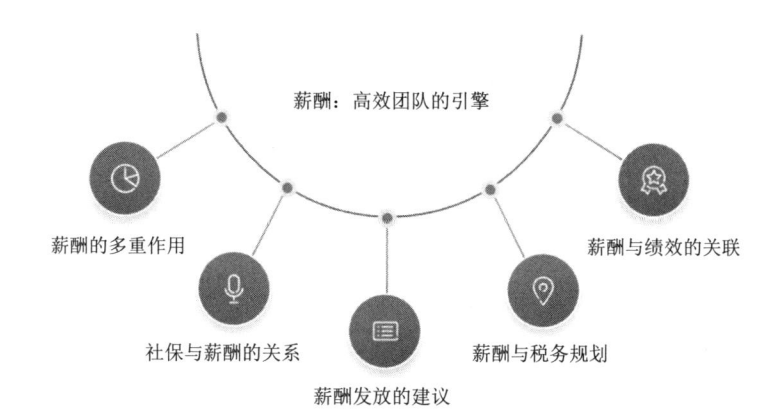

图 3-2　薪酬：高效团队的引擎

1. 薪酬的多重作用

薪酬体系在企业人力资源管理中扮演着多重角色。首先，它是对员工工作成果的直接回报，可确保员工的基本生活需求得到满足。其次，合理的薪酬体系能有效激励员工，提高其工作积极性和忠诚度，从而提升企业的整体竞争力。最后，薪酬也是企业吸引和保留人才的重要手段，尤其在人才市场竞争激烈的环境中，具有吸引力的薪酬体系能够使企业在人才争夺战中占据优势。

2. 社保与薪酬的关系

社保是薪酬体系的重要组成部分，它不仅关系到员工的福利待遇，也关系到企业的法律责任和社会责任。企业必须依法为员工缴纳社会保险，这包括养老保险、医疗保险、失业保险、工伤保险和生育保险等。社保的缴纳不仅保障了员工的基本权益，还提升了员工对企业的满意度和忠诚度，有助于构建和谐的劳动关系。

3. 薪酬发放的建议

薪酬发放是企业财务管理的重要环节，它要求企业采取正规的财务流程和透明的支付方式。推荐采用对公转账的方式发放工资，这样可以提高薪酬管理的透明度，减少现金交易的风险。同时，企业应确保员工在工资表上签字确认，这不仅是对员工权益的尊重，也是避免劳务纠纷的有效手段。

4. 薪酬与税务规划

薪酬体系的设计不仅关乎员工的满意度和留存率，也是企业税务规划的重要环节。一个结构合理的薪酬体系，能够在遵守税法的前提下，有效优化企业的税务负担，提升资金使用效率。企业可以通过调整工资与福利的比例，利用税收优惠政策，比如为员工提供的某些福利费用在一定范围内可以作为税前扣除项，从而实现税负的合理化。此外，对于高收入员工，企业可以通过提供退休金计划、商业保险等福利，来实现个人所得税的优化。

5. 薪酬与绩效的关联

将薪酬与员工的绩效紧密关联，是激励员工、提升企业竞争力的有效策略。绩效相关的薪酬体系能够确保员工的努力与企业的回报相匹配，从而激发员工的积极性和创造性。企业可以通过设置绩效奖金、股权激励计划等方式，将员工的个人目标与企业的整体目标相结合，促进员工对企业目标的投入和追求。

四、发票：准确的管理技术

在企业的财务管理中，发票管理不仅是一项基础工作，更是一种提升企业运营效率和管理精度的技术。财税机构可以通过深入分析和实务操作，为企业提供关于发票管理的专业指导。

1. 发票的基本认知

发票是记载企业生产经营活动的直接财务证明。对于企业的税务申报和财务核算具有至关重要的作用。它不仅是企业销售行为的法律凭证，也是企业成本和收入确认的重要依据。正确理解和合规使用发票，对于确保企业财务数据的真实性、合法性和完整性至关重要。此外，发票的管理还涉及企业的税务合规性，影响企业的信誉和市场评价。

2. 全电发票的便利性

随着税务管理数字化转型的推进，全电发票的推广为企业带来了前所未有的便利。全电发票的开具不再依赖于传统的税控设备，企业也无须进行烦琐的发票领用和存储，极大地简化了发票管理流程。信息系统根据企业的开票行为和税务记录自动赋予并动态调整发票额度，使得发票管理更加灵活和高效。

例如，一家在线教育平台采用全电发票后，显著提高了财务处理的效率。由于所有发票信息均电子化管理，财务人员可以快速生成、存储和检索发票，大大减少了纸质发票管理的时间和成本。同时，全电发票加快了开票流程，学员可以即时收到电子发票，提升了用户体验。

3. 增值税专用发票与普通发票的区别

增值税专用发票和普通发票在税务处理上存在显著差异。增值税专用发票允许企业抵扣进项税额，这对于降低企业的税负具有重要意义。而增值税普通发票则不允许抵扣进项税额，通常适用于小规模纳税人或特定交易。企业在开具和获取发票时，需根据自身纳税人身份和业务需求，做出合理的选择。

4. 发票的种类与使用

企业在经营过程中，会接触到多种类型的发票，每种发票都有其特定的使用场景和规定。除了常见的增值税专用发票和普通发票外，还有增值税电子发票、行政事业单位票据等其他种类。

增值税电子发票与纸质发票具有同等法律效力，但在开具、存储和传输上更为便捷和环保。电子发票适用于电子商务、远程交易等场景，特别适合需要快速开具和传递发票的业务。

行政事业单位票据则通常用于政府采购、行政收费等公共事务，这类票据的管理更为严格，通常需要遵循特定的政府采购和财务管理规定。

企业在使用不同种类的发票时，需要了解各自的开具条件、使用范围和税务处理方式，确保发票使用的合规性。

5. 发票管理的注意事项

发票管理是企业财务管理的重要组成部分，企业在管理发票时应注意以下事项。

（1）准确性

确保发票上的信息准确无误，包括但不限于金额、税率、商品或服务的详细描述等。任何错误的信息都会导致税务申报出现问题。

（2）完整性

妥善保存所有发票，无论是纸质发票还是电子发票，都应按照规定期限保存，以备税务审计和财务核算之需。

（3）合规性

避免开具虚假发票，这种行为不仅影响企业的信誉和市场地位，还涉及违法，甚至导致企业遭受税务机关的重罚。

（4）培训

对财务和相关人员定期进行发票管理培训，提高他们对发票法规和公司政策的理解。

（5）监督

建立严格的发票审核流程，确保每一笔交易都有对应的合规发票。

五、报销：效率与合规

在企业的日常运营中，费用报销是财务管理的重要组成部分。一个高效的报销流程不仅能够提升员工的满意度，还能够确保企业的财务合规性。

1. 报销流程的重要性

报销流程是企业财务管理中的关键环节，它不仅影响着企业的成本控制，还关系到内部管理的效率和效果。一个完善的报销流程能够确保员工的合理开支得到及时报销，从而提高员工工作的积极性和满意度。同时，它还能够加强财务部门对企业开支的监督，帮助企业及时发现和纠正不合理的开支，避免财务浪费。

此外，一个高效的报销流程还能够减少因报销问题导致的工作延误和错误，提高整个组织的运行效率。在报销流程中，透明度和速度是提升员工满意度的重要因素，而严格的审核则是保障财务合规性的关键。

例如，一家大型制造企业通过引入自动化的报销系统，显著提高了报销的效率和准确性。该系统允许员工在线提交报销申请，自动计算报销金额，并与银行账户直接对接，实现快速支付。同时，财务部门能够实时监控报销情况，加强了对费用支出的控制。

2. 报销流程的标准化

标准化的报销流程对于减少人为错误和操作风险至关重要。企业应制定一套详细的报销指南，包括报销的范围、标准、审批流程和提交要求，为员工提供清晰的报销流程和标准。

报销指南应明确哪些费用可以报销，报销的额度限制，以及需要提供的证明材料等。此外，审批流程应该透明，责任明确，确保每一笔报销都经过适当的审批。通过标准化流程，企业可以减少员工的不确定性和疑问，提高报销的合规性。

例如，一家跨国公司制定了全球统一的报销政策，所有员工无论身在何处，都遵循相同的报销标准和流程。该公司的报销系统提供了多语言支持，确保了全球员工都能清楚报销要求。此外，系统还与公司的财务和人力资源系统集成，自动进行费用审核和支付处理，大大提高了报销的效率和准确性。

3. 报销的合规性要求

报销流程的合规性是企业税务合规性的基石，对于维护企业的财务健康至关重要。企业必须确保所有报销活动严格遵守国家税法规定和企业内部的财务管理政策。这意味着企业需要对报销流程进行严格监管，确保每一笔费用都真实、合理，并且有充分的凭证支持。此外，企业还需要定期对报销流程进行审查，以适应税法的变化和企业内部管理的需要。

例如，一家外贸公司通过建立一套完善的报销政策，明确了哪些费用可以报销，以及报销的具体要求。该公司要求所有报销申请必须在事件发生后的一个月内提交，并附上相应的发票和收据。此外，公司还规定了不同级别员工的报销审批权限，以及对于违规报销的处罚措施。

4. 报销单据的管理

报销单据是企业财务核算和税务申报的重要依据。因此，企业必须建立严格的单据报销管理制度。其中包括对报销单据的收集、审核、存储和保管等各个环节的规范管理。企业应确保所有单据的真实性、合法性和完整性，防止虚假报销和财务欺诈。

例如，一家制造企业实施了电子化报销系统，所有报销单据都通过系统提交和审核。该系统能够自动校验发票的真实性，核对报销金额是否符合公司政策，并记录每一笔报销的详细信息。此外，系统还提供了单据的电子存储和检索功能，方便财务人员进行财务核算和税务申报。

5. 报销与审计的关系

报销管理和内部审计之间存在着密切的联系。内部审计作为企业风险管理和内部控制的一个重要组成部分，对报销流程的合规性、合理性和有效性进行独立的评估和监督。通过定期的内部审计，企业可以确保报销政策是否得到妥善执行，同时及时发现和解决报销流程中存在的问题。

内部审计是一种独立、客观的确认和咨询活动，它通过运用系统、规范的方法，审查和评价组织的业务活动、内部控制和风险管理的适当性和有效性，以促进组织完善治理、增加价值和实现目标。其目的是为企业提供保证，确保所有财务交易，包括报销，都符合企业的财务政策、法律法规，以及道德标准。审计过程中，内审人员会对报销单据进行抽样检查，评估审批流程的有效性，并识别潜在的风险点。

此外，内部审计还可以帮助企业防范和发现财务欺诈行为。通过审计，企业可以建立起一套有效的威慑和检测机制，减少不合规报销行为的发生。

守护财务诚信
——金融机构内部审计揭露虚假报销事件

某金融机构一向以严格的财务管理和高透明度的报告体系自豪，但一次常规的内部审计却意外揭露了一起隐秘的虚假报销事件……

一、发现不寻常的报销单据

在审计过程中，审计员小张负责审核公司近期的差旅费用报销。当他仔细检查报销凭证时，发现了几张金额异常、与实际业务活动严重不符的单据。

（1）差旅单据异常：某位业务经理在短期内频繁申报高额出差费用，但公司业务记录显示，相关时间段内并未发布相应的出差任务。

（2）异常票据的集中性：多笔报销来自同一人，且凭证上的细节存在明显不一致，例如酒店发票日期与航班时间冲突。

小张立刻意识到问题的严重性，并将这些疑点迅速汇报给了审计部门主管。

二、调查面临的阻力与突破

审计团队非常重视这件事情，并组织人员进行调查，随着调查的深入，他们发现涉嫌虚假报销的员工竟是一位在公司任职多年的资深业务经理。该员工在公司内外有着广泛的影响力，并与部分高层领导关系密切。这给审计团队的调查带来了不小的阻力。

一方面，部分管理层对审计团队的调查持消极态度，认为应低调处理，以避免影响公司形象；另一方面，审计团队发现部分相关数据和邮件记录无法顺利访问，增加了调查的难度。

然而，小张并未因此放弃。在仔细梳理业务经理的日常工作和沟通记录时，他发现了一些关键的电子邮件。这些邮件显示，该经理与几位员工串通，通过伪造单据、虚报费用套取公司资金。这一发现为审计团队提供了突破性的证据。

三、揭露虚假报销网络与处理措施

掌握关键证据后，审计团队打破了来自内部的阻力，并将调查进一步推进。最终，他们揭露了一个涉及多名员工的虚假报销网络。这些员工利用伪造的票据和夸大费用的方式，非法套取公司资金，造成了不小的财务损失。

公司高层一方面严肃处理涉案员工，涉案员工不仅被立即解雇，还面临法律诉讼程序，以追究其法律责任；另一方面对公司的纪律和合规进行整改，修订了财务报销制度，明确了差旅和业务支出的报销流程及审批权限，杜绝类似事件的再次发生。

四、强化财务监控与文化建设

该事件的曝光促使公司加大了内部审计和报销管理的力度，并采取了以下措施来进一步强化财务监控和文化建设。

1. 引入智能审计系统

公司采购了先进的审计软件，将报销单据自动比对业务记录，及时识别异常。新系统具备数据分析功能，可生成实时报告，并为审计团队提供早期预警，提高审计效率和准确性。

2. 加强财务合规培训

公司为全体员工开展财务诚信与合规管理培训，确保每位员工了解公司的报销制度和相关法律责任，提高员工的合规意识和风险防范能力。

3. 优化内部举报渠道

为鼓励员工举报违规行为，公司设立了匿名举报机制，并承诺对举报人提供严格的保密和保护，营造风清气正的工作氛围。

五、事件的行业影响与意义

这起虚假报销事件在金融行业内引起了广泛关注，被视为企业内部控制和合规管理的典型案例。业内专家认为，该事件凸显了以下几点重要意义。

1. 内部审计不可替代的作用

常规的内部审计不仅是财务监督的工具，也是企业发现潜在风险的关键环节。它能够帮助企业及时发现和纠正财务管理中的问题，保障企业的健康稳定发展。

2. 合规文化的重要性

企业的合规文化不仅需要制度的支持，更需要全体员工的自觉维护。只有建立起良好的合规文化，才能确保员工在工作中始终坚守诚信原则，避免违规行为的发生。

3. 财务数智化转型的必要性

通过引入智能系统和数据分析工具，可以有效减少人为错误和舞弊行为，提高管理效率。财务数智化转型是企业未来发展的必然趋势，也是提升企业竞争力的重要手段。

第二节 会计语境：沟通艺术背后的科学

会计不仅是一门要求精确和严谨的科学，它还要求会计人员具备卓越的沟通技巧。在日常工作中，会计人员需要与企业内部的不同团队、高层管理者，以及外部的利益相关者进行有效沟通。他们必须能够将复杂的财务数据和概念以清晰易懂的方式传达给他人，确保信息的准确性和透明度。这种沟通是双向的，需要会计人员不仅要表达清楚，还要善于倾听、提问，并根据反馈调整沟通策略，如图 3-3 所示。

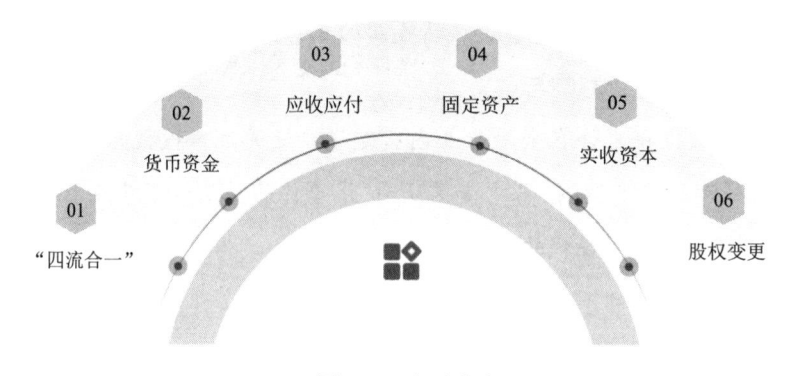

图 3-3 沟通内容

一、"四流合一"

在会计和财务管理中，"四流合一"是一个重要的概念，它指的是企业在经营活动中产生的资金流、票据流、物流和信息流的统一。这四个"流"的合一是确保企业会计信息真实、准确和完整的重要因素，也是税务合规性检查的关键点。

1. 资金流

资金流是企业财务管理的核心，它涵盖了企业在生产经营活动中产生的所有现金和银行存款的流入和流出。这包括但不限于销售收入、采购付款、员工薪资发放、税费支付、投资收益和筹资活动等。良好的资金流管理能够帮助企业维持健康的流动性，确保日常运营的资金需求，同时也是企业偿债能力和财务稳定性的重要指标。

2. 票据流

票据流是企业生产经营活动的另一个关键组成部分，它包括所有在交易或事项发生过程中产生的财务票据和文件，如销售发票、采购收据、合同协议、付款凭证等。这些票据不仅是企业会计记录和财务报告的基础，也是税务合规和审计的重要依据。

3. 物流

物流是企业供应链管理的关键环节，它包括从原材料采购、产品生产到最终产品销售的整个过程中货物的运输、存储和配送。物流信息的准确记录不仅对于成本核算和库存管理至关重要，而且对于提高企业的市场响应速度和客户服务水平有着直接的影响。

4. 信息流

信息流涉及企业在生产经营活动中产生的所有数据和信息，包括订单信息、客户信息、供应商信息、市场动态等。良好的信息流管理能够帮助企业及时捕捉市场变化，响应客户需求，优化内部运营，从而做出更明智的经营决策。

某大型制造企业的"四流合一"管理实践

A公司是一家年销售额超50亿元的大型制造公司，主营家电设备的生产和销售，供应链覆盖全国多个省市。公司在快速扩张中面临了多重挑战：资金管理混乱，多个账户并行管理，资金流动情况无法实时掌控；票据管理烦琐，采购、销售和报销环节涉及大量纸质票据，容易出错；物流信息不透明：货物运输和库存管理不协调，导致客户交付延迟和仓储成本上升；信息流不畅：部门间数据孤岛问题严重，无法做到统一决策。

为解决这些问题，A公司在2022年启动了"四流合一"管理改革，通过系统集成和流程重塑，实现资金流、票据流、物流和信息流的全面整合。

一、资金流管理：实现全面可视化监控

A公司在改革中引入了资金管理系统，整合所有银行账户和现金流动，实现资金的实时监控和动态分析：

1. 账户整合

公司将原有的20多个账户缩减至8个核心账户，并通过与银行系统对接，实现每日自动对账。

2. 动态资金预算

系统按照销售和采购计划自动生成月度资金预算表，避免资金短缺或冗余。

3. 风险预警

一旦某账户余额低于安全线，系统自动发出预警，并推送至财务经理。

自实施新系统后，公司资金流转效率提升了25%，账款逾期率减少了30%。

二、票据流管理：实现无纸化和自动化

A公司采用了电子发票系统和RPA（机器人流程自动化）工具，优化票据管理：

1. 电子发票与系统集成

采购和销售环节使用电子发票，并与财务系统同步，减少手工录入的错误。

2. 自动化报销流程

员工通过手机App（手机应用软件）拍照上传发票，系统自动识别并

核对报销金额。审批流程透明、快捷，大幅减少了审批时间。

3. 税务申报自动生成

票据数据直接与税务申报系统对接，确保企业的税务合规性。

电子票据系统上线后，票据录入错误率下降80%，报销周期缩短了40%。

三、物流管理：打通供应链各环节

A公司采用了SCM（供应链管理系统）和物联网技术，实现物流全程跟踪和库存优化：

1. 智能仓储管理

系统自动记录入库和出库信息，并与生产计划同步，保证原材料和成品库存的合理配置。

2. 物流实时追踪

通过物联网设备，公司可以实时监控货物的运输情况，并向客户发送自动更新通知。

3. 库存优化

系统根据历史销售数据和市场预测，动态调整库存水平，减少存货积压和缺货风险。

自物流系统上线后，仓储成本下降了15%，订单按时交付率提升至98%。

四、信息流管理：打破数据孤岛，实现智能决策

为了打破各部门之间的信息孤岛，公司采用了ERP（企业资源规划）系统，并集成CRM（客户关系管理）和SRM（供应商关系管理）系统，实现数据的全面共享：

1. 统一数据平台

公司所有的订单、客户、供应商信息都存储在同一平台，各部门实时

共享数据。

2. 自动生成经营报表

系统每日自动生成销售、采购和库存报表,并推送给管理层,便于及时调整经营策略。

3. 市场动态监控

公司引入大数据分析系统,实时监测市场需求和竞争对手动态,辅助制定营销策略。

通过信息流的优化,A公司的市场响应速度提升了20%,客户满意度评分提高了15%。

五、改革成果与未来展望

A公司通过"四流合一"管理,实现了业务流程的全面优化:成本节约,全年减少物流、票据和管理成本约1 000万元;财务透明度提升,审计和税务合规性明显增强,避免了潜在税务风险;客户满意度提升,订单处理速度提高,客户投诉率降低。

未来,公司计划进一步应用人工智能和区块链技术,增强数据安全性和业务智能化水平。同时,还将加强对员工的数字化培训,培养一支既懂业务又懂技术的复合型人才队伍。

二、货币资金

货币资金代表着企业在不改变其形态的情况下即可用于交易的资金。它是企业流动性最高的资产。货币资金主要包括三部分:现金、银行存款,以及其他可以迅速转换为已知金额现金的货币市场基金或类似短期投资。企业使用货币资金来满足日常运营中的各种支付需求,如支付员工工资、购买生产所需的原材料、结算供应商货款、偿还短期债务等。在会计报表中,货币资金通常位于资产负债表中资产部分的最前面,这显示了企业在短期内的支付能力,对于评估企业的财务状况和流动性风险具有重要意义。

1. 货币资金的分类

货币资金的分类有助于企业更有效地管理和控制资金使用,确保资金的安全和高效运作。通过对货币资金的细致分类,企业可以更准确地进行资金预算、现金流管理,以及风险控制,从而提高资金使用效率和企业财务健康水平。以下是货币资金的常见分类。

(1)现金

现金指企业持有的实体货币,通常存放在企业的保险柜中,用于处理日常的零星支出和紧急需求。

(2)银行存款

银行存款包括企业在商业银行开设的各种账户中的存款,主要分为基本存款账户、一般存款账户、专用存款账户和临时存款账户。其中基本存款账户用于企业的主要结算业务,是存款人的主办账户,银行不得收取账户管理费用。

一般存款账户是为了借款或其他结算需要而在基本存款账户开户银行以外的银行营业机构开立的银行结算账户。相较于基本存款账户,一般存款账户的开立条件和使用范围更加广泛,但是银行可能会收取一定的账户管理费用。

专用存款账户是为了按照法律、行政法规和规章,对其特定用途资金进行专项管理和使用而开立的银行结算账户。

临时存款账户是为了临时需要并在规定期限内使用而开立的银行结算账户。这类账户通常用于个人或企业临时性的存款需求,如活动筹备、支付押金等,账户使用期限较短,一般不超过三个月。

（3）外埠存款

外埠存款指企业在经营活动中，为了便于外地采购或销售活动，在外地银行开立的账户中的存款。

（4）银行汇票存款

企业购买银行汇票时所支付的资金，汇票是一种支付工具，可以用于转账结算。

（5）银行本票存款

企业购买银行本票时所支付的资金，本票类似于汇票，但由银行自身发行，具有更高的信用度。

（6）信用保证金存款

企业为了获得银行信用或担保而存入银行的保证金，这部分资金在一定期限内不能动用。

（7）信用卡存款

企业在信用卡账户中的存款，用于信用卡消费或提现。

（8）存出投资款

企业为了投资目的而存放于金融机构的资金，通常与特定投资项目相关。

2. 货币资金的重要性

货币资金在企业的财务结构中占据核心地位，它是企业应对日常运营和紧急财务需求的首要保障。

（1）货币资金是日常运营的基石

货币资金是企业日常运营不可或缺的资源。它用于支付员工工资，确保员工队伍的稳定；购买原材料，以维持生产活动的连续性；以及支付日常运营费用，如租金、水电费等，保障企业基础设施的正常运转。

（2）货币资金是短期偿债能力的保障

企业的短期偿债能力直接关系到其财务稳定性和市场信誉。充足的货币资金储备可以帮助企业及时偿还短期债务，避免违约风险，维护企业的声誉。

（3）货币资金是应对市场变化的缓冲

在市场波动或经济不确定性增加的情况下，货币资金可以作为企业的缓冲垫，帮助企业抓住机遇或应对挑战，如原材料价格波动时的采购决策，或是市场需求变化时的生产调整。

（4）货币资金是投资者和债权人信心的体现

投资者和债权人通常会通过货币资金的规模和流动性来评估企业的财务健康状况。一个拥有健康货币资金状况的企业，能够更容易地吸引投资和获得贷款，降低融资成本。

（5）货币资金是战略灵活性的支撑

充足的货币资金为企业提供了战略灵活性，使其能够投资于新项目、进行并购或扩张，从而推动企业的长期增长和市场竞争力。

逆境中崛起
——一家电商巨头的战略逆袭

"购物天下"（化名），这家曾在电子商务领域占据领先地位的巨头，随着市场竞争加剧、用户需求愈加多样化，增长陷入停滞。多家新兴电商平台的崛起和消费者向个性化体验的转变，进一步蚕食了它的市场份额。管理层面对困境：在多个季度出现亏损的情况下，是守住现有地位，还是冒险进行全面变革？最终，CEO（首席运营官）约翰·史密斯决定发起一场大胆的战略逆袭。尽管这一决策引发了投资者的担忧和反对，但史密斯相信，唯有彻底重塑业务，才能引领公司重返巅峰。

1. 物流网络的全面升级

物流效率的提升对于电商企业而言至关重要。然而，由于订单激增和现有配送体系的老化，"购物天下"频繁遭遇延迟配送的投诉，导致客户满意度直线下滑。

公司制订了三年物流扩张计划，大规模投资于配送中心建设和自动化仓储系统。新增的配送中心设在全国主要城市及交通枢纽周边，覆盖了80%的目标市场。此外，公司还与物流公司合作，开发了基于AI的路线优化系统，使快递员能够动态选择最优路线，提高配送效率。

此项投资初期耗费巨大，一些投资者对此持怀疑态度，认为公司现金流压力过大。然而，约翰·史密斯力排众议，强调这是重夺客户信任的关键举措。事实证明，升级后的物流体系将平均配送时间缩短了30%，客户投诉量下降了40%，大幅提升了消费者的满意度和复购率。

2. 技术创新：个性化购物体验的崛起

为了应对激烈的市场竞争，"购物天下"决定以技术驱动转型。然而，个性化购物体验的背后依赖于用户数据的深入分析，而隐私问题成了公司不得不面对的最大阻力。

公司成立了AI研发团队，专注于开发智能推荐算法和自动化库存管理系统。通过机器学习分析用户的历史浏览、购买和评价数据，"购物天下"能够精准推荐商品，提升用户的购买转化率。同时，智能库存系统帮助公司根据用户需求动态调整库存结构，减少了库存积压和滞销品的浪费。

然而，在一次备受瞩目的技术发布会上，媒体对公司的数据安全性提出了质疑，担心其算法可能侵犯用户隐私。"购物天下"立即组建了数据安全团队，优化了隐私保护措施，并向用户公开了数据使用流程。在平台上，公司还推出了用户数据授权选项，进一步增强了透明度。

尽管该项目在初期遭遇了广泛质疑，但随着隐私问题的妥善解决，公司赢回了用户信任。借助精准推荐系统，"购物天下"平台的用户平均消费额增长了15%，库存周转率提升了20%。

3. 营销逆袭：重新赢得用户心智

多年来，"购物天下"的营销策略趋于保守，品牌逐渐失去活力，年轻消费者也被竞争对手吸引。公司必须找到一种方式重新激发公众的关注，并重塑品牌形象。营销总监安东尼奥制定了一场全新的营销活动，旨在通过幽默的广告和高互动的社交媒体内容吸引年轻用户的关注。活动初期发布了一系列搞笑视频，并在平台上发起"购物挑战"——用户通过购物积分参与抽奖，有机会赢得限量版商品或现金红包。

起初，这场营销活动并未如预期般爆红，甚至一度陷入沉寂。然而，安东尼奥没有放弃，团队加大了社交媒体的投放力度，并与网络达人合作推广。渐渐地，用户开始自发参与挑战活动，相关话题登上了社交平台的热搜榜。最终，这场营销活动为"购物天下"带来了数百万的新增用户，并使网站流量在短短两周内激增了40%。

4. 战略逆袭的全面胜利

尽管这些举措在实施过程中遭遇了种种困难和不确定性，但每一项投资最终都证明了其价值。在物流、技术和营销三管齐下的推动下，"购物天下"重新占据了市场的有利地位。

在新物流体系的支持下，公司不仅缩短了配送时间，还成功降低了运营成本。技术创新让用户体验得到了极大提升，个性化推荐转化率明显提高。与此同时，该营销活动还帮助品牌焕发了新生，吸引了更多年轻用户。公司在新财年交出了亮眼的成绩单：销售额同比增长25%，利润率提升了8%。

通过这次逆袭，"购物天下"不仅度过了危机，还探索出了一条创新驱动的可持续发展之路。

此案例向我们展示了，当企业身处逆境时，唯有勇敢变革、坚持创新，才能在风雨中稳步前行,实现真正的崛起。

3. 货币资金的管理

货币资金管理是企业财务管理的关键环节,它直接关系到企业的流动性、偿债能力和盈利能力。为了确保货币资金的安全和效率,企业必须建立和执行一套严格的管理制度。

(1)现金收付流程

企业应制定详细的现金收付操作规程,包括现金的收取、存储、支付和运输等环节。通过这些规程,企业能够确保现金的安全,防止现金丢失或被盗,并确保现金交易的准确性和及时性。

(2)银行存款管理

企业应在不同的银行开设多个账户,以便于资金的分散存放和使用。同时,企业应定期监控银行账户的收支情况,合理调配资金,以满足不同业务部门的需求,提高资金的使用效率。

(3)票据管理

票据是企业日常交易中常用的支付工具,包括支票、汇票、本票等。企业应建立票据管理制度,规范票据的购买、使用、保管和注销等环节,防止票据的丢失、被盗或滥用。

(4)定期盘点

企业应定期对现金和银行存款进行盘点,以确保账面记录与实际持有的货币资金相符。通过盘点,企业能够及时发现和纠正任何差异,避免资金的挪用或财务错误。

(5)内部控制

企业应建立内部控制机制,包括审批流程、权限设置、监督检查等,以防止资金挪用和财务舞弊。内部控制不仅能够保护企业的资金安全,还能够提高企业的财务透明度和公信力。

现金为王

"连锁巨塔"是一家大型零售连锁企业,随着企业规模的不断扩大,门店数量激增,原有的货币资金管理制度逐渐暴露出种种弊端。资金使用效率低下,财务透明度不足,这些问题如同暗流涌动,悄然威胁着企业的健康发展。具体来说,公司面临着以下几个关键问题。

第一,资金分散管理。各门店自行管理现金,导致资金无法有效集中利用,资金成本高昂。

第二,财务透明度低。缺乏统一的财务信息系统,使得公司高层难以准确掌握整体财务状况,决策效率低下。

第三,内控机制薄弱。缺乏有效的内部控制和审计机制,容易发生错误和舞弊行为,增加企业经营风险。

一、改革启动:严格的货币资金管理制度

面对这些问题,"连锁巨塔"决定全面推行严格的货币资金管理制度,以实现资金的集中管理和高效利用。具体措施包括以下内容。

1. 设立现金管理岗位

每个门店都设立了专门的现金管理岗位,由经过专业培训的员工负责现金的收取、存储和支付。这些员工接受了为期一个月的密集培训,包括现金管理流程、安全防范措施,以及财务基础知识等。

2. 标准化操作流程

制定详细的现金管理操作流程,确保每一步操作都有明确的规范和指导,减少人为差错。

这一改变初期确实引发了员工的不满和抵触,因为他们需要适应新的工作流程和更高的工作标准。然而,公司通过一系列的内部培训和激励措施,如奖金、晋升机会等,逐渐赢得了员工的理解和支持。员工们逐渐认识到新制度带来的好处,如减少差错、提高安全性等,最终接受了这一变革。

二、技术赋能：集中的银行存款管理系统

为了进一步加强资金监管，"连锁巨塔"投资建立了集中的银行存款管理系统。该系统实现了对所有银行账户的实时监控和统一管理，大大提高了资金流转的效率和透明度。

1. 系统整合

IT（信息技术）部门与财务部门紧密合作，将原本分散在各个门店的银行账户信息进行整合，实现了数据的集中存储和分析。

2. 实时监控

通过系统实时监控各门店的资金流动情况，及时发现异常交易并进行处理。

3. 自动化报表

系统能够自动生成各类财务报表，为公司高层提供准确的财务信息支持。

这一举措在初期遭遇了技术障碍和员工的适应问题，因为需要整合多个系统和数据来源。但经过IT部门的努力，这些问题逐一得到解决，系统最终得以顺利运行。

三、风险防控：定期盘点与内部审计

为了确保资金的安全和合规使用，"连锁巨塔"还建立了定期现金和银行存款的盘点制度，以及内部审计机制。具体措施如下。

（1）每月末，由财务部门组织对各门店的现金进行盘点，确保账实相符

（2）每季度末，对公司的银行存款进行全面盘点，核对账户余额和交易记录

（3）每年进行一次全面的内部审计，检查货币资金管理制度的执行情况，及时发现并纠正问题

这些措施在一开始被视为额外的负担，但很快就成了防范风险和提升信誉的重要手段。特别是在一次意外的内部盗窃事件中，由于有了严格的盘点和审计流程，问题得以迅速发现并及时解决，避免了潜在的重大损失。

四、改革成效显著

经过一系列的改革措施，"连锁巨塔"的财务管理水平得到了显著提升。

通过集中管理资金，公司能够更有效地调配资金，降低资金成本，提高资金使用效率。集中的财务信息系统使得公司高层能够实时掌握整体财务状况，为决策提供准确依据；随着改革的推进和成效的显现，员工对公司的信任和归属感逐渐增强，工作积极性和效率得到提高；改革后的"连锁巨塔"在激烈的市场竞争中保持了稳定的财务状况和良好的声誉，赢得了投资者和消费者的信赖，实现了可持续发展。

最终，"连锁巨塔"通过这一系列的财务管理改革，不仅解决了原有的问题，还为企业的长期发展奠定了坚实的基础。这一案例也充分证明了，严格的货币资金管理制度和高效的财务管理是企业稳健发展的关键所在。

三、应收应付

在会计和财务管理中，"应收应付"作为描述企业交易过程中产生的债权和债务的关键术语，扮演着至关重要的角色。它们不仅体现了企业与外部交易对手的经济关系，也是企业日常运营资金流转的重要组成部分。

1. 应收账款

应收账款是企业因对外销售商品、提供服务或执行其他经营活动尚未从客户处收回的款项。在企业的资产负债表中，应收账款通常被视为流动资产的一部分，其数额的大小直接影响着企业的流动资金状况。

（1）现金流管理

应收账款的回收速度直接影响企业的现金流。企业需要确保应收账款能够及时收回，以维持日常运营的资金需求。

（2）坏账风险

应收账款存在无法收回的风险，即坏账风险。企业需要对客户的信用状况进行评估，并制定相应的信用政策，以降低损失。

（3）财务健康状况

应收账款的规模和回收情况是评估企业财务健康状况的重要指标。一个有效的应收账款管理系统能够提高企业的财务稳定性和盈利能力。

（4）客户关系管理

应收账款管理还涉及与客户的沟通和协商。企业需要在确保资金回流的同时，维护与客户的良好关系。

2. 应付账款

应付账款代表了企业在购买商品、接受服务或进行其他经营活动中，对供应商产生的短期债务。它是企业负债的一部分，显示了企业在未来一段时间内需要支付的款项。应付账款的管理对于维护企业的财务健康和现金流状况至关重要。

（1）资金流优化

通过合理安排付款时间，企业可以优化现金流，利用供应商的信用期来延迟现金支出，从而提高资金的使用效率。

（2）成本控制

有效的应付账款管理有助于企业在与供应商的谈判中获得更有利的付款条件，从而降低采购成本。

（3）供应商关系

及时支付应付账款有助于建立和维护良好的供应商关系，对于确保供应链的稳定性和获取潜在的折扣或优先供货权非常重要。

3. 应收应付的管理

应收应付管理是企业财务管理的核心内容，涉及企业的收款和付款策略。以下是有效的应收应付管理的关键要素。

（1）信用政策

制定明确的信用政策，对客户的信用进行评估，设定合理的付款条件和信用限额。

（2）收款流程

建立高效的收款流程，包括账单的及时发送、客户沟通和催收活动。

（3）账龄分析

定期进行账龄分析，识别逾期账款，并采取相应的措施加快回收。

（4）现金流预测

通过应收应付管理，企业可以更准确地预测未来的现金流入和流出，从而更好地规划资金使用。

（5）内部控制

建立内部控制机制，确保应收应付的准确性和及时性，防止财务错误和舞弊行为。

智慧财务
——零售巨头的应收账款革命

随着客户基数的不断扩大和销售业绩的持续增长，传统的应收账款管理模式逐渐暴露出效率低下、信用风险难以控制等问题。一家名为"购物乐园"的零售企业也是如此，他们发现：应收账款周期延长，平均应收账款回收天数从30天延长至45天，导致资金流动性下降；信用风险增加，由于缺乏有效的信用评估机制，坏账率逐年上升，达到3%；财务成本上升，因应收账款管理不善导致的财务成本占销售收入的 1.5%。

为了应对这些挑战,"购物乐园"决定引入一套先进的应收账款管理系统,旨在通过智能化手段提升应收账款管理效率,降低信用风险,并优化资金回收流程。

一、系统引入初期的挑战与应对

新系统在公司内部推广初期遇到了一些阻力。阻力来源于多方面,老员工们的"路径依赖"是阻力的根本来源。"不愿学、不想学、学不会"是横跨在老员工和这套管理系统之间最现实的问题。员工们还对新系统持怀疑态度,他们担心自己的工作岗位会受到威胁,或者难以掌握新系统的操作技巧。这种担忧在财务部门和销售团队中尤为明显,因为新系统将直接改变他们的工作方式。

为了消除员工的顾虑,管理层采取了以下措施。

1. 沟通与解释

管理层与员工进行面对面沟通,解释新系统引入的目的是提升工作效率和降低错误率,而非取代员工。同时,承诺在系统实施过程中会提供持续的技术支持和培训。

2. 全员培训

组织为期两周的集中培训,涵盖系统操作、功能介绍,以及预期效益等方面,确保每位员工都能熟练掌握新系统的使用方法。

3. 试运行与反馈

在系统正式投入使用前,进行为期一个月的试运行,收集员工的反馈意见,并根据实际情况对系统进行微调。

这些措施有效缓解了员工的担忧,使他们逐渐接受了新系统,并开始体会到工作效率的显著提升。

二、系统优化与调整

新系统虽然能够根据客户的购买历史和支付行为自动计算信用限额，但在实际操作中，一些长期客户由于历史原因被系统误判为信用风险较低，导致他们在某些情况下无法及时获得信用额度。这一问题引起了销售团队的不满，因为他们担心这会影响与客户的长期合作关系。

为了解决这一问题，IT部门与财务部门紧密合作，对系统进行了以下优化。

第一，增加人工干预机制，在系统中增加人工审核和干预的功能，以确保在特殊情况下能够灵活处理客户的信用额度问题。

第二，优化信用评估模型，基于历史数据和销售团队的反馈，对信用评估模型进行微调，提高评估的准确性和合理性。

第三，定期回顾与更新，建立定期回顾和更新信用评估模型的机制，确保模型能够随市场变化和客户行为的变化而及时调整。

经过这些优化，新系统在实际应用中取得了显著成效，不仅提高了应收账款的回收效率，还降低了坏账风险。

三、风险预警与应对

新系统还提供了应收账款的账龄分析报告，帮助企业识别和追踪逾期账款。这一功能在初期并未引起太多关注，但随着一次意外的逾期风波，其价值得到了充分体现。

一位重要客户因内部流程失误而产生了一笔大额逾期账款，通过系统的即时预警和分析，财务团队在第一时间发现了这一问题，并迅速与客户取得联系。经过双方沟通协商，最终成功解决了逾期问题，避免了潜在的坏账损失。

这次事件让公司管理层深刻认识到风险预警和应对的重要性，也让他们更加坚信新系统的价值。此后，公司进一步加强了对应收账款的监控和管理，确保类似问题不再发生。

四、改革成果显著

经过一系列的努力和调整，"购物乐园"成功实施了新的应收账款管理系统，并取得了显著的成效。

第一，应收账款回收周期缩短，平均应收账款回收天数从45天缩短至30天以内，资金流动性得到显著提升。

第二，坏账率下降，坏账率从3%下降至1%以下，降低了企业的财务风险。

第三，财务成本降低，因应收账款管理不善导致的财务成本占销售收入的比例从1.5%下降至0.5%，显著提升了企业的盈利能力。

第四，员工满意度提升，随着工作效率的提升和工作量的减少，员工对公司的满意度和忠诚度也得到了显著提升。

"购物乐园"通过引入先进的应收账款管理系统，不仅解决了原有的财务问题，还为企业的长期发展奠定了坚实的基础。这一案例为其他零售企业提供了宝贵的借鉴经验，证明了智慧财务在提升企业竞争力方面的重要作用。

四、固定资产

固定资产是企业用于生产、经营活动且使用期限超过一个会计年度的资产。根据《企业会计制度》的规定，固定资产包括企业使用期限超过1年的房屋、建筑物、机器、机械、运输工具，以及其他与生产、经营有关的设备、器具、工具等。

1. 固定资产的分类

固定资产作为企业资产的重要组成部分，根据其用途和性质可以进行如下分类。

（1）房屋和建筑物

这类固定资产包括企业拥有的所有房产，如生产厂房、行政办公楼、员工宿舍、仓库等。它们为企业提供了必要的生产和运营空间。

（2）机器设备

机器设备涵盖企业生产过程中使用的所有机械和设备，包括生产线机械、制造设备、自动化装配线等。

（3）电子设备

电子设备包括企业办公和生产中使用的电脑、服务器、复印机、打印机、扫描仪等电子办公设备。

（4）运输工具

运输工具指企业用于运输人员和物资的交通工具，如货车、公司巴士、商务用车、飞机、轮船等。

（5）办公家具

办公家具包括办公室和生产场所使用的桌椅、文件柜、书架、会议桌等家具设施。

2. 固定资产的重要性

固定资产在企业运营中扮演着至关重要的角色。

（1）生产基础

固定资产是企业进行生产活动的物质基础，其质量和性能直接影响企业的生产效率和产品质量。

（2）成本控制

固定资产的购置和维护成本是企业成本控制的重要组成部分。通过有效的资产管理，企业可以降低运营成本，提高盈利能力。

（3）投资决策

固定资产的投资通常涉及大量资金。因此，固定资产的购置决策对企业的财务状况和未来发展具有长远影响。

（4）技术进步

固定资产的更新换代是企业技术进步和创新能力的重要体现。通过不断引进先进的技术，企业能够提升自身的水平和市场竞争力。

（5）财务稳定

固定资产的长期性和稳定性为企业提供了财务稳定性。在企业面临短期财务压力时，固定资产可以作为抵押或质押，帮助企业获得必要的资金支持。

五、实收资本

实收资本，也称为注册资本，是指投资者向企业投入的、经过企业登记注册的资本总额。它体现了所有者对企业的所有权，是企业运营和发展的基础。实收资本的数额通常在企业章程中规定，并在工商行政管理部门登记。

1. 实收资本的构成

实收资本是企业所有者对企业的初始投资，它构成了企业资金的基础部分。实收资本的构成可以多样化，主要包括以下方面。

（1）货币资金

股东以现金形式投入企业的资金，是最直接的投资方式，为企业的日常运营和长期发展提供流动性支持。

（2）实物资产

股东可能以其拥有的设备、房屋、车辆等实物资产作价出资。这些资产通常需要经过评估，以确定其在企业中的股份价值。

（3）无形资产

无形资产包括专利权、商标权、著作权、技术秘密等。无形资产往往代表着企业的核心竞争力，对企业未来的发展具有重要影响。

（4）其他形式

在某些情况下，股东可能以提供特定服务或资源的方式出资，如市场准入、特许经营权等。

2. 实收资本的重要性

实收资本在企业运营和发展中扮演着多重重要角色。

（1）信用基础

实收资本的数额通常被视为企业信用和实力的重要标志。一个较高的实收资本数额能够增强合作伙伴、投资者和金融机构对企业的信任，有助于企业获得更有利的商业条款和融资条件。

（2）法律要求

根据《中华人民共和国公司法》等相关法律法规，企业必须在规定的时间内缴清其注册资本。未按时缴纳注册资本的企业可能会面临罚款、业务限制甚至吊销营业执照等法律风险。

（3）风险承担

实收资本反映了企业所有者对企业承担风险的程度。注册资本越高，表明所有者对企业的信心越大，愿意为企业发展投入更多资源，同时也向社会传递出企业稳定性和可靠性的信号。

（4）经营决策

实收资本的规模往往影响企业的经营决策和战略规划。较大的资本基础为企业提供了更多的战略选择，如市场扩张、产品开发和长期投资等。

（5）市场竞争

在市场竞争中，实收资本的规模可以作为企业实力的一种体现。充足的实收资本有助于企业在竞争中占据优势，吸引更多的客户和人才。

六、股权变更

股权变更指的是企业股东持有的股份发生转移或变动的情形，包括股权转让、股权出质、股权赠与、继承等。股权变更会影响企业的所有权结构和控制权分配，对企业的经营和财务状况产生重要影响。

1. 股权变更的动因

股权变更是企业所有权结构调整的重要方式，其动因多种多样，主要包括以下几种。

（1）股东个人财务规划

股东可能因为个人财务需求，如资金周转、投资多样化等，选择出售其持有的股份。

（2）企业重组

企业为了优化资源配置、提高运营效率，可能进行重组，重组后会导致股权结构发生变化。

（3）并购活动

企业并购往往伴随着股权的转移，并购方通过购买目标企业的股份来获得控制权。

（4）继承安排

当股东去世时，其持有的股份可能会根据遗嘱或法定继承规则转移给继承人。

（5）资本运作

企业为了扩大资本基础或引入战略投资者，可能会增资扩股或引入新的股东。

（6）法律裁决

法院的判决或仲裁裁决可能导致股权的强制转让。

2. 股权变更的流程

股权变更的流程是一系列规范化的步骤，确保股权转让的合法性和合规性，具体包括以下五种。

（1）协商与协议

股权转让双方基于各自的意愿和需求，就股权转让的数量、价格、支付方式和时间等关键条款进行协商，并最终签订书面的股权转让协议。

（2）内部审批

股权转让协议签订前，须根据公司章程的规定，获得董事会或股东大会的审批通过。这一步骤是为了确保股权转让符合公司内部决策程序和法律法规的要求。

（3）工商变更登记

完成内部审批后，企业须向工商行政管理部门提交股权转让协议和相关文件，申请股权变更登记。这一步骤是股权变更对外公示的重要环节，标志着股权转让的法律效力。

（4）税务处理

在股权转让过程中，转让方可能需要缴纳个人所得税，双方均需缴纳印花税。企业应依法履行税务申报和缴纳义务，避免税务风险。

（5）后续事项

股权转让完成后的事项包括更新公司股东名册、修改公司章程、重新分配利润分配权等。

3. 股权变更的重要性

股权变更是企业所有权结构调整的重要方式，对企业的运营和发展具有深远的影响。

（1）所有权变动

股权变更直接导致企业所有权结构的改变，这可能影响企业的控制权和决策权。新的股东可能带来新的管理理念和战略方向，对企业的长期发展产生重要影响。

（2）财务影响

股权转让价格通常涉及对企业整体价值的评估，从而会影响企业的财务报表和股东权益。股权转让的溢价或折价可能反映出市场对企业价值的看法，进而影响企业的市场信誉和融资成本。

（3）税务合规

在股权变更过程中，必须遵守相关税法规定，包括股权转让所得的个人所得税、股权转让合同的印花税等。确保税务合规是企业合法经营的基本要求，也是维护企业声誉和避免法律风险的关键。

4. 股权变更的会计处理

在会计处理上，股权变更虽然不直接影响企业的资产、负债和收入等会计要素，但涉及的相关税费和股权转让价格的确定需要按照会计准则进行披露。

（1）税费披露

企业需要在财务报表的附注中披露股权转让过程中产生的税费，包括印花税、个人所得税等。

（2）股权转让价格

股权转让价格的确定可能涉及复杂的估值过程，需要根据市场条件、企业盈利能力、资产状况等因素综合评估。

（3）股东权益变动

股权变更可能导致股东权益的变动，如新增股东的出资额、原有股东的资本退出等，这些变动需要在所有者权益变动表中反映。

5. 股权变更的税务处理

股权变更涉及的税务处理是企业必须重点关注的领域。

（1）个人所得税

股东在转让股权时，如果产生转让所得，需要按照税法规定缴纳个人所得税。

（2）印花税

股权转让合同属于印花税的征税范围，企业需要按照规定缴纳印花税。

（3）税务申报

企业应依法进行税务申报，包括股权转让所得的申报和税费的缴纳。

（4）税务优化

企业可以通过合理的税务优化，如选择合适的转让时机、利用税收优惠政策等，来优化税务成本。

一家高科技企业的股权变更及优化实践

W企业是一家主营人工智能设备研发与生产的高科技企业。随着市场的快速发展，企业决定调整股东结构，以引入战略投资者和优化企业资源配置。

这一变更的原因涉及多个方面。部分创始股东希望通过转让股份实现资金回流，并为其个人投资组合的多样化创造条件。同时，企业为适应市场需求、提升核心竞争力，计划进行业务重组，吸引新的资本和资源。此外，W科技正在积极筹备未来的IPO（首次公开募股），这也促使企业对现有的控制权结构进行调整，以确保符合资本市场的规范并满足投资者的期望。因此，这一系列复杂的背景和需求推动了股权变更方案的设计和落地。

一、股权变更的动因与实施

在多方利益的驱动下，企业设计了一个涵盖股权转让、增资扩股与战略投资者引入的综合性方案。企业的一位创始股东计划转让其持有的30%股份，以应对其个人的资金周转需求，而另一部分股权则通过增资扩股的方式引入一家国内知名的风险投资基金。新投资方将获得公司25%的股份，旨在通过资本注入推动企业在人工智能和5G领域的研发进程。为确保企业长期战略方向的连贯性，剩余的股东之间还签署了一致行动协议，以确保在股权结构调整后继续享有对企业的实际控制权。

为保障这项复杂变更的合法合规性，W科技严格按照流程展开操作。企业创始股东与受让方，以及风险投资基金分别就转让价格、支付方式和交割日期进行了多轮谈判，并在达成共识后签署了正式协议。为确保交易价格的合理性，企业聘请了第三方专业评估机构，对企业的市场价值进行了全面评估，最终将企业整体估值确定为10亿元人民币，并据此核定了股份转让与增资的具体金额。

二、内部审批与工商变更登记

完成初步协议签署后，公司随即启动了内部审批流程。根据公司章程，所有涉及股东结构调整的重要事项均须提交股东大会表决。在本次大会上，所有参会股东就股权转让和增资扩股议案展开讨论，并以85%的支持率通过了议案。在内部审批完成后，公司向工商行政管理部门提交了相关变更材料，包括股权转让协议、董事会决议和股东大会会议记录等。工商部门在审核后核准了此次变更，并更新了企业的股东名册和公司章程，标志着股权变更的正式完成。

三、税务合规与优化

股权变更不仅涉及法律程序，还伴随着复杂的税务处理。根据税法规定，创始股东在股份转让过程中取得的收益需要缴纳个人所得税。此次转让所得税总额为800万元，企业在法律规定的期限内完成了税务申报。同时，企业还根据相关法规就股权协议缴纳了5万元的印花税。在整个税务处理过程中，企业财务团队与税务咨询机构紧密合作，确保所有申报数据准确无误。此外，企业还通过合理的税务优化，成功申请了研发费用的加计扣除政策。这一政策在一定程度上抵消了公司因增资扩股所产生的税费成本，进一步优化了税务支出。

四、股权变更后的管理与运营

随着股权变更的完成，企业迎来了新的发展契机。通过增资扩股引入的5 000万元资金，不仅显著提升了公司资金的流动性，还使得资产负债率从45%下降至30%，优化了企业的资本结构。新的战略投资者为企业注入了创新资源，这使企业得以加快人工智能和5G领域的研发进度。同时，企业管理层在股东大会上重新明确了未来的经营战略，进一步强化了企业的市场竞争力。

在保持控制权稳定的基础上，企业股东签署的一致行动协议确保了管理层在新股东进入后的决策权和企业战略方向不受干扰。经过股权调整后的W科技估值迅速攀升至12亿元人民币，并在业内引起了广泛关注。这一估值不仅提升了企业的市场信誉，还吸引了更多潜在投资者的兴趣。企业计划在未来两年内启动IPO，为进军资本市场奠定坚实的基础。

五、面对挑战的应对策略

股权变更过程中，W科技也面临了一些挑战。在与创始股东和新投资者的谈判过程中，部分股东对引入外部资本的必要性存在分歧。为消除内部阻力，企业管理层积极与各方沟通，通过展示资金注入后的具体规划和预期收益，最终达成了一致。此外，税务合规也是一大难点。由于涉及多个税种的处理，企业在税务咨询机构的支持下，逐项完成了税务申报与缴纳，确保了整个变更过程中的合规性。

为进一步降低法律风险，公司还聘请了专业律师团队全程参与此次变更，确保所有协议条款符合法律法规，并就可能出现的股东纠纷提前做好预案。经过这些努力，企业顺利完成了此次股权变更，并将其视为优化资本结构和管理模式的一次重要契机。

六、案例的启示与未来规划

W科技有限公司的股权变更案例展示了企业在资本市场中的灵活应对和规范操作。通过系统的规划和有效的执行，公司不仅成功完成了复杂的股东结构调整，还在吸引外部资本的同时确保了控制权的稳定。在财务与税务合规方面，企业也体现了高度的专业性，为未来的资本市场运作奠定了良好的基础。

未来，W科技计划推出员工持股计划（ESOP），进一步激励核心员工，并以此增强企业凝聚力和创新能力。同时，企业将继续优化财务管理和运营模式，为IPO的顺利推进做好充分准备。这一案例为其他企业提供了宝贵的参考，展示了如何在股权变更的过程中平衡各方利益，实现企业价值的最大化。

第三节　税费攻略：从累赘到装备的升华

税费在现代社会已成为国家经济调控的关键工具，其演变体现了税收政策制定、征管现代化，以及政策透明度和公众参与度的提升。税收政策制定注重激励与调节结合，通过税收优惠和税率调整促进技术创新、绿色发展和产业结构优化。税收征管现代化利用信息技术提高效率和精准度，简化纳税流程，加强法治化水平。政策透明度和公众参与度的提高，通过公开信息和鼓励公众参与，使税收政策更贴近民意。税费已从简单的财政收入手段转变为宏观调控的重要工具，未来税制改革将使其在国家经济中发挥更大作用。我国税种如图 3-4 所示。

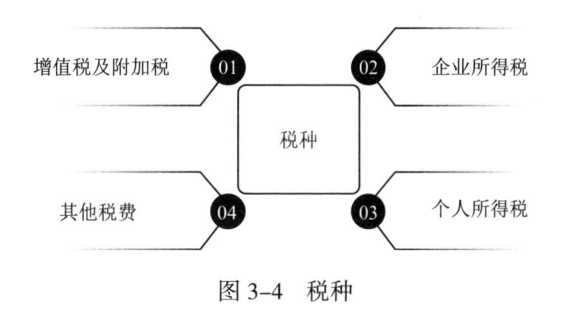

图 3-4 税种

一、增值税及附加税

1. 增值税

增值税是我国税收体系中的重要组成部分，它以商品（含应税劳务）在流转过程中产生的增值额为征税对象，是一种流转税。增值税的纳税人包括在中国境内销售货物、提供加工、修理修配劳务、销售服务、无形资产、不动产，以及进口货物的单位和个人。

增值税的计算方式根据纳税人的类型（一般纳税人或小规模纳税人）有所不同。一般纳税人的增值税计算方式为当月销项税额减去当月进项税额，而小规模纳税人则采用简易计税方法，即销售价乘以征收率。

以一般纳税人为例，假设当月销售专票金额为 100 元（含税），进价专票金额为 80 元（含税），征收率为 13%，则应交纳的增值税为

应交纳增值税＝100÷1.13×13%-80÷1.13×13% ＝2.3（元）

对于小规模纳税人，如果销售价为 100 元（含税），进价为 80 元（含税），征收率为 3%，则应缴纳的增值税为

应交纳增值税＝100÷1.03×3%≈2.91（元）

2. 增值税附加税

增值税附加税是在增值税的基础上征收的一系列附加税费，包括城市维

护建设税、教育费附加和地方教育附加等。这些附加税费的计算基础是增值税税额，税率根据不同地区和不同类型的附加税有所差异。

以上述一般纳税人的增值税税额2.3元为例，假设城市维护建设税税率为7%，教育费附加税率为3%，地方教育附加税率为2%，则应缴纳的附加税费如下。

应交纳城市维护建设税＝2.3×7%≈0.16（元）

应交纳城市维护建设税＝2.3×7%≈0.16（元）

应交纳教育附加＝2.3×3%≈0.07（元）

应交纳教育附加＝2.3×3%≈0.07（元）

应交纳地方教育附加＝2.3×2%≈0.05（元）

应交纳地方教育附加＝2.3×2%≈0.05（元）

3. 税务申报

增值税及其附加税的税务申报通常通过税务局的报税页面进行。纳税人需要按照规定的时间和程序，准确申报增值税及附加税，确保税务合规。

二、企业所得税

企业所得税是对企业和其他取得收入的组织以其生产经营所得为课税对象所征收的一种所得税。企业所得税是企业必须履行的法定纳税义务，其目的是对企业的净利润进行征税，以保证国家财政收入和公平税收。企业所得税的纳税人包括居民企业和非居民企业，以及其他取得收入的组织。

企业所得税的基本税率为25%，但根据不同的条件和优惠政策，税率可能有所不同。例如，符合条件的小型微利企业可以享受更低的税率，高新技术企业和技术先进型服务企业也可能适用优惠税率。

1. 企业所得税的优惠政策

小微企业在2023年可以享受的所得税优惠政策包括以下内容：

年应纳税所得额 300 万元以内，税率为 5%。

年应纳税所得额超过 300 万元，税率为 25%。

这些优惠政策有助于减轻小微企业的税负，促进其发展。

2. 企业所得税的申报和缴纳

企业所得税的申报和缴纳通常按季度预缴，并在每年的 5 月 31 日前进行汇算清缴，以结算上年度的企业所得税。

企业所得税的税务申报通过税务局的报税页面进行。企业需要按照规定的时间和程序，准确申报企业所得税，确保税务合规。

例如，一家初创的软件开发公司，由于符合小型微利企业的条件，其年应纳税所得额的前 100 万元享受了 5% 的优惠税率。公司通过税务局的电子申报系统，顺利完成了季度预缴和年度汇算清缴，有效管理了税务事务。

三、个人所得税

个人所得税是对自然人个人所取得的法定应纳税所得征收的一种所得税。它是一种直接税，由纳税人自行承担，不得转嫁。个人所得税的征收对象包括居民个人在中国境内和境外取得的所得，以及非居民个人从中国境内取得的所得。

个人所得税是政府对个人收入征收的税种，旨在调节收入分配，增加财政收入。个人所得税的征税对象广泛，包括工资薪金、劳务报酬、经营所得等各类个人所得。

个人所得税的税率根据所得类型和金额的不同而有所区别。工资薪金所得、劳务报酬所得、经营所得等都有各自的税率和计算方法。

工资薪金所得个人所得税的计算中包括专项扣除，如基本养老保险、基本医疗保险、失业保险等社会保险费和住房公积金等（即"三险一金"）。此外，还有专项附加扣除，如子女教育、继续教育、大病医疗、租房贷款、赡养父母等支出。

个人所得税的计算公式为

应纳税额＝应纳税所得额×适用税率＝速算扣除数

其中,应纳税所得额为月度收入减去起征点、专项扣除、专项附加扣除,以及其他依法确定的扣除。

个人所得税的申报和缴纳通常由雇主在支付工资时预扣预缴,并通过税务局的报税页面进行申报。个人也可以自行申报,尤其是在有额外收入或需要退税时。

四、其他税费

在企业的财税管理中,除了主要的税种如增值税、企业所得税和个人所得税外,还存在其他税费,这些税费虽然在总额中占比不大,但对于企业的合规经营和财务健康同样重要。

1. 房产税

房产税是对房屋所有权人征收的一种财产税。根据规定,城市、县城、建制镇和工矿区的房屋所有权人需要缴纳房产税。房产税的计算基础可以是房屋的计税余值或租金收入,税率一般为1.2%至12%。

2. 城镇土地使用税

城镇土地使用税是对开征范围内土地的实际占用者征收的一种行为税。不同地区根据土地等级和用途,征收不同标准的税费,以促进土地资源的合理利用。

3. 印花税

印花税是对经济活动和经济交往中书立、领受具有法律效力的凭证的行为征收的一种税。企业和个人在签订合同、处理财务票据等活动中,都需要按规定缴纳印花税。

4. 水利建设基金

水利建设基金是用于水利建设的专项资金，由中央和地方政府共同组成。企业需要根据不含税销售额的一定比例缴纳水利建设基金，以支持水利设施的建设和维护。

5. 城镇垃圾处理费

城镇垃圾处理费是针对城市生活垃圾处理而征收的费用。企业根据当地的收费标准，按季缴纳相应的垃圾处理费。

6. 工会经费

工会经费是工会依法取得并开展正常活动所需的费用，主要用于职工服务和工会活动。企业按照职工工资总额的一定比例计算提取工会经费。

7. 残疾人就业保障金

残疾人就业保障金是为保障残疾人权益而设立的，由未按规定安排残疾人就业的单位缴纳。这笔资金用于支持残疾人就业和相关福利。

第四章　操盘有道：精于管理之术

在企业管理中，精湛的操盘之术是取得市场成功的关键。管理不仅是应对日常事务的技巧，更是贯穿战略规划、执行控制和成果转化的全流程艺术。财务管理作为企业运营的核心支柱，必须与业务发展深度融合，为企业的市场拓展和经营决策提供有力支撑。在管理的舞台上，懂财务、会营销、擅服务的复合型能力是企业制胜的秘诀。

本章将带领读者探索财务管理与营销服务的深度整合，帮助企业提升整体管理效能。量身定制的财务报告不仅为高层提供精准的决策支持，还能拉近管理层与业务之间的距离。与此同时，精于营销与服务的管理者，能够将财税管理的专业性转化为市场竞争的利器。在竞争激烈的市场环境中，行业特征的理解和针对性服务的设计，决定了企业能否精准满足客户需求并实现价值转化。

在接下来的内容中，我们将首先介绍如何通过三大财务报告的解读与应用，帮助高层管理者做出精准判断；接着深入剖析财务管理如何与市场营销相结合，为企业打造独特的营销战略与服务体系；最后，探索如何基于不同的行业特征定制服务，使财务管理更具针对性和灵活性。本章不仅为管理者提供全面的思路框架，还提供了丰富的实战经验，帮助他们在复杂环境中掌握操盘之道，游刃有余地推动企业发展。

第一节 "三报"通晓：为老板量身定制的财务进阶课

"三报"通晓，意味着企业老板需要对财务报表的核心部分——资产负债表、利润表、现金流量表等有充分掌握，这样才能全面了解企业的财务健康状况，为投资者、债权人和其他利益相关者提供决策支持，如图4-1所示。

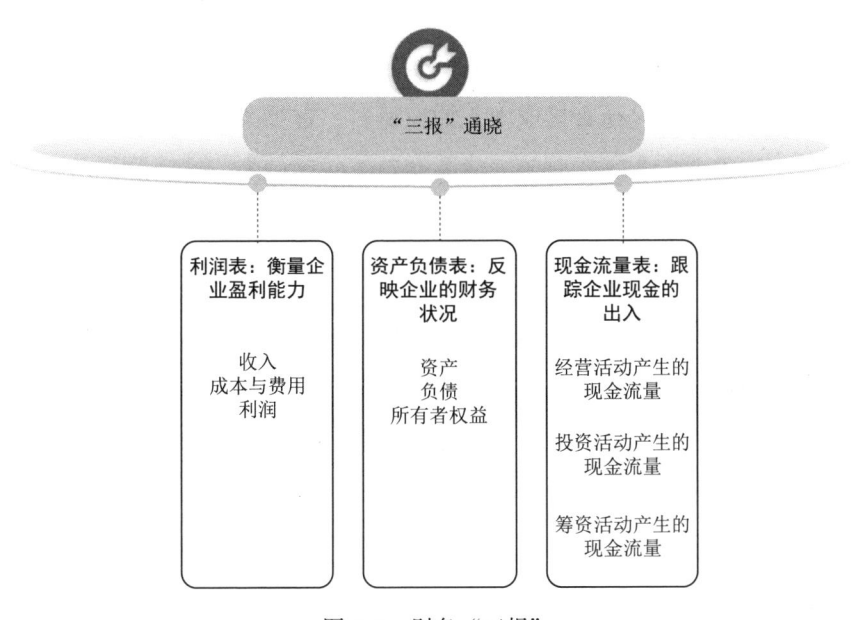

```
                    "三报"通晓

   ┌──────────────┐  ┌──────────────┐  ┌──────────────┐
   │ 利润表：衡量企 │  │ 资产负债表：反 │  │ 现金流量表：跟 │
   │ 业盈利能力     │  │ 映企业的财务   │  │ 踪企业现金的   │
   │               │  │ 状况          │  │ 出入          │
   │   收入        │  │   资产        │  │ 经营活动产生的 │
   │ 成本与费用     │  │   负债        │  │   现金流量     │
   │   利润        │  │ 所有者权益     │  │               │
   │               │  │               │  │ 投资活动产生的 │
   │               │  │               │  │   现金流量     │
   │               │  │               │  │               │
   │               │  │               │  │ 筹资活动产生的 │
   │               │  │               │  │   现金流量     │
   └──────────────┘  └──────────────┘  └──────────────┘
```

图 4-1　财务"三报"

一、利润表：衡量企业盈利能力

利润表是企业财务报告的核心组成部分，它详细展示了企业在一定会计期间内的经营成果，即企业的盈利能力。通过利润表，管理者、投资者和其他利益相关者可以了解企业的经营效率和财务状况。利润表不仅为企业内部管理者提供了决策依据，也为外部投资者和债权人提供了企业盈利能力的重要信息。通过分析利润表，利益相关者可以评估企业的经营效率、成本控制能力和市场竞争力。

1. 收入

收入是利润表的起点，它反映了企业在特定时期内通过销售商品、提供服务或进行其他经营活动所获得的总收入。收入的增加通常意味着企业的市场份额扩大、产品受欢迎或者服务得到了市场的认可。

2. 成本与费用

成本与费用是收入的减项，它们是企业在生产和销售过程中必须发生的支出。成本主要包括直接成本，如原材料、直接劳动力工资等。而费用则包括了管理费用、销售费用、财务费用等间接成本。控制成本和费用是提高企业盈利能力的关键。

3. 利润

利润是收入减去成本和费用后的净额，它直接体现了企业的盈利水平。利润表中通常会展示多个层次的利润指标，如营业利润、利润总额和净利润等。营业利润反映了企业主营业务的盈利情况，而净利润则是企业在扣除所有费用和所得税项后的最终盈利。

以一家电子产品制造企业为例，该企业在2023年的财务报告中显示，全年实现销售收入1亿元，其中直接成本（包括原材料和直接劳务成本）为6 000万元。此外，企业还发生了管理费用1 000万元、销售费用1 500万元、财务费用500万元。

营业利润＝销售收入－直接成本－管理费用－销售费用＝10 000－6 000－1 000－1 500＝1 500（万元）

利润总额＝营业利润－财务费用＝1 500－500＝1 000（万元）

假设企业还需缴纳25%的所得税，则净利润为

净利润＝利润总额×（1－税率）＝1000万元×（1-25%）＝750（万元）

该企业的净利润表明，在扣除所有成本、费用和税项后，企业最终的盈利能力。通过利润表，企业可以评估自身的盈利模式是否健康，是否存在成本过高或收入不足的问题。

二、资产负债表：反映企业的财务状况

资产负债表是企业财务报告中的一张重要报表，是企业在特定时间点的财务状况。资产负债表为企业管理者、投资者、债权人等提供了企业财务状况的重要信息。通过分析资产负债表，可以了解企业的资产结构、负债水平和偿债能力，评估企业的财务健康状况。

资产负债表遵循会计基本等式：资产＝负债＋所有者权益。

这一等式体现了企业的财务结构和资产的资金来源。

1. 资产

资产是指由企业过去的交易或事项形成的、由企业拥有或者控制的、预期会给企业带来经济利益的资源。按照流动性强弱分为流动资产和非流动资产。流动资产包括现金及现金等价物、应收账款、存货等，通常在一年内可以转换为现金。非流动资产则包括固定资产、无形资产、长期投资等，它们用于企业长期运营。

2. 负债

负债是指企业过去的交易或者事项形成的，预期会导致经济利益流出企业的现时义务，即企业未来必须履行的经济义务。负债按照偿还期限的长短分为流动负债和长期负债。流动负债包括应付账款、短期借款等，而长期负债则包括长期借款、应付债券等。

3. 所有者权益

所有者权益，也称为净资产或股东权益，是企业总资产减去总负债后

的余额。公司的所有者权益又称为股东权益。所有者权益是所有者对企业资产的剩余索取权，它代表了所有者对企业资产的净权益，包括投入的资本、留存收益和其他综合收益等。

以一家中型制造业企业为例，该企业在2023年末的资产负债表显示如下。

资产：

流动资产：现金500万元，应收账款300万元，存货200万元。

非流动资产：固定资产1 000万元，无形资产100万元。

负债：

流动负债：应付账款200万元，短期借款100万元。

长期负债：长期借款500万元。

所有者权益：

实收资本（股本）800万元，留存收益200万元。

根据资产负债表的数据，可以计算出该企业的总资产为2 100万元（500＋300＋200＋1 000+100），总负债为800万元（200＋100＋500），所有者权益为1 000万元（800＋200）。这表明企业的财务结构稳健，所有者权益较大，企业的偿债能力和财务稳定性较好。

三、现金流量表：跟踪企业现金的出入

现金流量表是企业财务报告中的三大主要财务报表之一，它详细记录了企业在一定会计期间内现金和现金等价物的流入和流出情况。现金流量表对于评估企业的流动性、偿债能力和财务健康状况至关重要。现金流量表为企业管理者、投资者和债权人提供了企业现金流入和流出的详细信息，有助于评估企业的现金流动性和财务稳定性。通过分析现金流量表，利益

相关者可以了解企业的现金生成能力和未来的现金需求。

1. 经营活动产生的现金流量

经营活动产生的现金流量反映了企业日常业务活动，如销售商品、提供服务、支付工资、支付其他运营费用等所产生的现金流量。它是企业现金流量的主要来源，体现了企业的盈利能力和现金流入的能力。

2. 投资活动产生的现金流量

投资活动产生的现金流量显示了企业出于购买或出售固定资产、无形资产和其他长期投资而产生的现金流。这些活动通常是企业扩张或资产重组的一部分，对企业的长期发展和盈利潜力有重要影响。

3. 筹资活动产生的现金流量

筹资活动产生的现金流量涉及企业因借款、偿还债务、发行股票、支付股息等与债务和所有者权益变化相关的现金流。这些活动反映了企业融资状况和资本结构的变化。

以一家零售连锁企业为例，该企业在2023年的现金流量表显示：

经营活动：销售商品、提供服务产生的现金流入为1 000万元，支付工资及其他运营费用产生的现金流出为700万元，经营活动产生的现金流量净额为300万元。

投资活动：购买新设备产生的现金流出为200万元，出售旧设备产生的现金流入为50万元，投资活动产生的现金流量净额为−150万元。

筹资活动：发行新股产生的现金流入为500万元，偿还银行贷款产生的现金流出为400万元，支付股息产生的现金流出为50万元，筹资活动产生的现金流量净额为50万元。

综合上述活动，该企业2023年的现金及现金等价物净增加额为200万元，表明企业在该年度内现金及现金等价物的总体增加情况。

第二节　财管精英：统领市场的营销宝典与服务秘笈

优秀的财务管理者，都有一本自己的营销宝典和服务秘笈，通过这些营销宝典与服务秘笈，不仅能够有效地指导企业的营销活动，还能够确保企业在提供服务时能够满足甚至超越客户的期望。他们通过精准的市场定位和高效的资源配置，为企业赢得市场份额和客户满意度，最终实现企业的长远发展和持续增长，如图 4-2 所示。

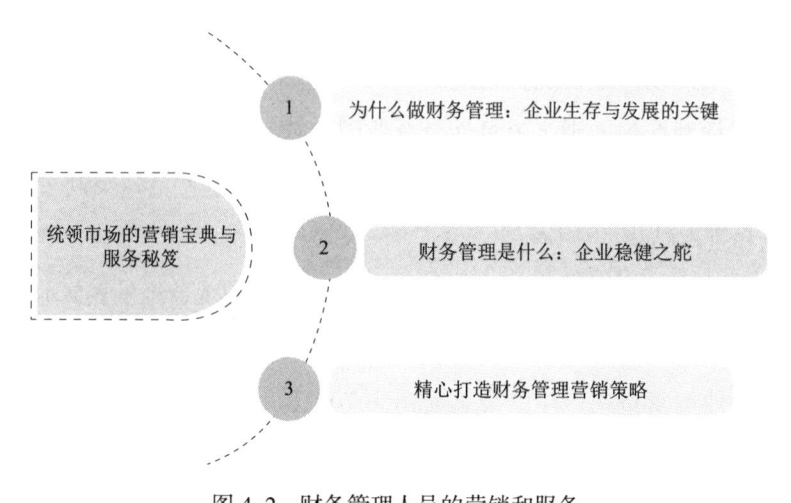

统领市场的营销宝典与服务秘笈
1. 为什么做财务管理：企业生存与发展的关键
2. 财务管理是什么：企业稳健之舵
3. 精心打造财务管理营销策略

图 4-2　财务管理人员的营销和服务

一、企业生存与发展的关键

在竞争日益激烈的商业环境中，财务管理对于一个企业的生存和繁荣至关重要。正如船要在波涛汹涌的大海中稳步前行，必须有一位精于导航的船长，企业在复杂多变的市场中稳健发展，也须有高效的财务管理作为其船长。

根据企业发展的不同阶段，财务管理的需求也有所不同：初创期企业：可能依赖代账会计或代账机构，但随着企业的成长，财务管理的需求会逐渐增加。成长期企业：可能需要建立或优化财务体系，包括内控管理、财务预算、经营分析等。成熟期企业：通常拥有专业的财务团队，可能需要四大会计师事务所或专业管理咨询公司提供的高级财务管理服务。

财务管理的核心价值体现在以下方面。

1. 资金分配与流动掌控

企业的每一次交易、投资或费用支出，都需要通过财务管理进行合理规划。高效的财务管理能够帮助企业合理规划资金流向，确保资金得到最有效的利用。通过预算管理、现金流管理等手段，企业能够对资金需求进行预测和规划，避免资金短缺或过剩，保持企业的财务健康。

2. 经营成效和效率的测量

财务管理提供了衡量经营成效和效率的准确工具，使管理者能够了解到每一个业务环节的盈利能力。财务管理通过财务报表等形式，为企业提供了衡量经营成效的工具。利润表、资产负债表和现金流量表等财务报表，能够让企业管理者清晰地了解企业的盈利能力、资产状况和现金流状况，为企业的决策提供数据支持。

3. 风险管理

在金融危机、市场波动等外部环境影响下，财务管理为企业规避风险提供了重要保障。在市场风险波动面前，财务管理能够帮助企业做出及时的应对。通过对市场趋势的分析，企业能够调整财务策略，降低市场风险对企业的影响。

4. 支持企业战略的实施

财务管理为企业战略提供了可行性分析和资金支持。财务管理不仅仅是数字游戏，它还与企业战略紧密相关。通过财务分析，企业能够识别自身的优势和劣势，制定符合自身发展的战略规划。

5.增强投资者和股东信心

通过透明的财务报告和合法的税务遵从，财务管理可以提高外界对企业的信任度，吸引和保留投资者。优秀的财务管理为企业的长期发展奠定了坚实的基础。它帮助企业建立起健全的财务体系，提高企业的财务透明度和信用等级，为企业的融资、投资和扩张提供支持。

二、企业稳健之舵

在企业纷繁复杂的经营环节中，财务管理无疑占据了核心地位。它的作用绝不仅限于纯粹数字的追踪和记录，而是深深植根于未来战略的规划和实现中。一个优秀的财务管理者，不仅需要具备各种技能和素养，更需要将这些能力综合运用，以确保企业财务的稳定性和高效性。财务管理者所需具备的素质包括以下内容。

1.市场洞察力与财务知识

作为企业的决策者，财务管理者需要具备敏锐的市场洞察力，能够迅速捕捉到市场动态和经济变革的信息。这要求他们不断关注行业趋势、政策变化和竞争对手的动态，以便及时调整企业的战略和决策。同时，他们还需要具备扎实的财务知识储备，包括财务理论和实践技巧。这意味着他们需要熟悉会计准则、财务报表分析、预算编制等方面的知识，并能够灵活运用这些知识来适应不同的业务场景。

2.数据分析与决策能力

在财务管理中，数据是决策的基础。财务管理者需要具备从大量财务数据中挖掘信息并转化为决策的能力。他们需要能够通过数据深度分析，识别出企业的财务状况、盈利能力、现金流量等方面的问题，并为企业指明发展方向。这要求他们具备良好的逻辑思维能力、分析能力和判断力，以便在变幻莫测的商业环境中把握正确的航向。

3. 风险预测与投资机会把握

在企业经营过程中，风险管理和投资决策是至关重要的。一位优秀的财务管理者需要具备超前的风险预测能力，能够预见潜在的风险并提前采取措施进行防范。同时，他们还需要具备敏锐的投资嗅觉，能够发现并抓住投资机遇，为企业创造额外的价值。这要求他们在具备丰富的财务知识和经验的基础上，还要具备一定的战略眼光和创新能力。

4. 成本管理与资产配置

在竞争激烈的市场环境下，降低成本和提高效益是企业持续发展的关键。财务管理者需要具备持续的成本控制能力，通过精细化管理和优化流程，降低企业的运营支出。同时，他们还需要进行智能化的资产配置，合理分配企业的资金和资源，以提高企业的盈利能力和竞争力。这要求他们具备严谨的成本意识和卓越的资源配置能力。

5. 高效、透明地操作

在日常运作中，财务管理者需要确保企业的财务活动高效、透明。无论是基本的账目处理，还是复杂的财务规划和策略咨询，他们都需要做到准确无误、及时反馈。此外，还需要注重与企业内部其他部门的沟通协作，确保财务信息的准确传递和共享。这要求财务管理者具备良好的组织协调能力和沟通能力，以提高工作效率和企业的整体运营水平。

三、精心打造财务管理营销策略

财务管理在营销时，应当远远超越单纯的服务提供者角色，它代表的是专业价值的传承和深层次的客户利益的呵护。作为财务管理专家，我们的目标是将这一服务塑造成一种长期投资，让客户深刻认识到，卓越的财务管理能明显提高财务效率、增强盈利水平，同时激发企业在激烈的市场竞争中显现出独到的优势。

1. 教育市场：种下智慧的种子

通过精心设计的研讨会、专业细腻的线上课程、深入浅出的专业文章，以灵活多样的教育形式，向潜在客户灌输财务管理的重要性。这样的教育方式不仅仅是知识的分享，更是一个发现需求、塑造需求的过程。我们的目标是让客户觉醒，让他们明白：优异的财务管理是企业航向成功海岸的不二法门。

2. 案例展示：通过实例传递价值

生动的案例能够有效展示财务管理的实际成果。例如，某企业通过税务规划减少了支出，另一家公司借助财务战略成功提升了盈利水平。这些真实案例不仅帮助潜在客户了解财务服务的实际效果，还能增强他们对财务管理的信任感，为进一步合作奠定基础。

3. 品牌建设：建立专业形象

在数字化时代，通过官方网站、社交媒体和专业论坛参与等方式建立专业而可靠的品牌形象，至关重要。财务管理机构应通过分享专业知识、解答客户疑问，打造一个值得信赖的品牌，从而吸引更多客户关注，提升行业影响力。

4. 客户反馈：口碑助力市场拓展

客户评价是品牌信誉的重要体现。积极收集并展示客户的正面反馈，有助于吸引新客户。客户成功案例和口碑推荐是一种高效的营销工具，比单纯的广告宣传更能赢得信任。这不仅帮助拓展服务范围，还促进了客户之间的积极互动和互荐。

5. 多元化服务：满足不同需求

企业的财务需求多样化，从基础的会计核算到复杂的财务战略咨询，每一环节都需要专业支持。通过提供一站式的财务管理服务，涵盖日常会计、税务优化、成本控制等领域，可以确保客户在不同阶段都能获得所需支持。这种多元化服务策略帮助客户高效应对财务挑战，并增强了合作关系的黏性。

Z咨询公司如何通过财务管理助力客户营销战略

Z咨询公司是一家专注于中小企业的财务管理与战略咨询机构。面对激烈的市场竞争和客户多样化需求，Z公司决定通过财务管理与营销服务的深度整合，为客户提供高附加值的解决方案。他们的目标不仅是帮助客户实现财务健康，更是通过优化财务流程、精准成本控制，以及定制化的市场战略，为客户创造可持续的竞争优势。

一、企业生存与发展的关键：财务管理融入战略

在一次为M公司提供的咨询项目中，Z咨询公司展现了如何将财务管理与营销活动有机结合。M公司是一家处于成长期的制造企业，由于快速扩张导致的资金压力和营销成本上升，经营面临严峻挑战。Z咨询团队的第一步是分析M公司的资金流状况，发现其市场营销费用占比过高，同时在资金分配上存在明显不平衡。通过现金流预测与优化预算编制，Z公司建议客户削减部分低效推广活动，并将更多资源投向高回报的市场。

Z公司还帮助M公司建立了内控体系，监控各部门的预算执行情况，确保资金使用透明且高效。这一系列措施为M公司减少了20%的营销成本，并实现了更精准的市场投放，使其市场份额在6个月内增长了15%。

二、经营成效与效率的测量：数据驱动的决策

Z咨询公司将财务分析结果与营销数据相结合，为M公司制定了详细的经营分析报告。该报告展示了每个营销渠道的投入产出比，并通过成本-效益分析帮助M公司优化了营销组合。M公司高层管理者借助这些财务报表和营销数据，快速找到了提高盈利能力的关键环节。例如，电子商务渠

道的推广费用虽然较高，但实际转化率却低于预期。通过调配资源并强化营销运营，企业的总利润率在短时间内显著提升。

三、风险管理：应对市场波动

在项目执行过程中，Z公司帮助M公司评估了潜在的市场风险，如原材料价格上涨及市场需求波动对企业经营的影响。通过构建财务风险模型，Z公司制定了两套应急方案：一套针对市场需求疲软的应对策略，另一套则为市场需求旺盛时的扩展计划。M公司根据Z公司的建议，在市场波动期间迅速调整销售策略，降低了外部风险带来的负面影响。

四、支持企业战略实施：推动市场创新

Z公司不仅帮助客户在成本控制和风险规避方面取得成功，还为其制定了长期的市场战略规划。他们协助M公司梳理了核心竞争力，并在财务管理的支持下推动业务创新。例如，为拓展海外市场，Z公司建议M公司通过财务杠杆融资，并设计了与海外客户的分期付款机制。这一创新举措为M公司赢得了多个国际订单，提升了企业的市场竞争力。

五、增强投资者与股东信心：透明财务与品牌建设

为提高M公司的市场信誉，Z咨询团队帮助其完善了财务报告和内部控制体系，确保财务信息透明，并将这一优势作为宣传亮点向外部展示。在Z公司的指导下，M公司通过官方网站和社交媒体展示其财务透明度和运营成果，大幅提升了品牌形象与市场认知度。同时，M公司收集并展示了来自主要客户的积极反馈，这些口碑信息进一步巩固了市场信任。结果，M公司成功吸引了两家风险投资机构的关注，并完成了总计5 000万元人民币的融资。

六、从教育市场到多元化服务：营销与财务协同

Z咨询公司深知教育市场和品牌建设的重要性，他们通过举办线上线下研讨会、发布行业研究报告，向客户普及财务管理与营销协同的优势。

M公司参与了这些活动，不仅了解了新的财务与营销趋势，还通过案例展示发现了自身的改进空间。此外，Z公司还为M公司量身定制了一系列财务管理服务，包括税务规划、成本控制和供应链金融，确保其在不同业务阶段都能获得专业支持。

七、案例的启示与未来展望

Z咨询公司为M公司提供的服务展示了财务管理与市场营销的深度融合及如何帮助企业应对复杂的经营挑战。通过科学的财务规划与营销策略整合，M公司不仅控制了成本，提高了效率，还在市场竞争中赢得了优势。这一案例表明，卓越的财务管理不仅是企业稳定发展的基石，更是推动企业创新与成长的重要驱动力。未来，Z公司将继续拓展多元化服务体系，并计划在不同行业推广类似的成功模式，助力更多企业实现可持续发展与长期繁荣。

第三节　实战转化：根据行业特征定制服务

针对不同行业的特定财务需求，提供高度定制化的服务方案，确保每一项服务都能精准对接企业的实际运营状况。有几个典型行业，如图4-3所示。

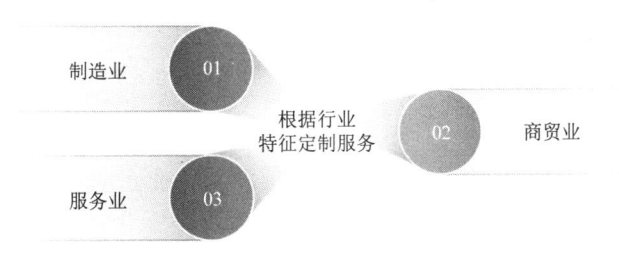

图4-3　根据行业定制服务

一、制造业

在制造业，财税机构的营销重点在于展示其在成本控制和税务优化上的专业能力。制造企业门槛高、资本密集，需要在税收优化和资本使用效率上获得专业的财务服务。

1. 成本优化

制造业对成本极为敏感，财税机构可以通过提供精细的成本分析和成本控制策略来吸引客户。如应用成本计算和管理会计，帮助企业降低生产成本。

2. 研发税收优惠

为制造业的研发活动提供税务规划，帮助客户申请科研税收优惠、专利优惠等，增强企业的税收优势。

3. 投资与抵扣

对制造企业的固定资产投资进行规划，合理安排折旧和税收抵扣，以优化税收负担。

4. 策略展示

通过案例分享，展示财税机构如何协助公司实现税收减免、提高资本效率等实际成果。

二、商贸业

库存管理和现金流状况是商贸企业最关心的两个方面，因此财税机构在这些领域提供专业的服务可以作为其营销的亮点。

1. 现金流管理

通过提供专业的现金流管理服务，帮助商贸业企业优化收付款周期，提高资金运作效率。

2. 库存成本分析

提供库存成本核算、库存周转率分析等服务,帮助企业降低库存成本,提升资金的流动性。

3. 供应链优化

商贸业的供应链长且复杂,财税机构可以提供供应链财务优化服务,提升供应链效率,降低运营成本。

4. 市场扩张

为企业提供税收优化方案支持其市场扩张战略,如跨境电商的税务咨询、进出口贸易的关税规划等。

商贸新生
——一家批发企业的财务管理革新

在商贸领域,一家由三位股东共同拥有的批发企业正面临管理困境。该企业已经运营了十年,但财务管理长期混乱无序:账目从未清算、库存管理松散、财务软件仅用于打印出库单,会计工作停留在记录简单的流水账。企业主要依靠老板的个人关系维持客户网络,但随着市场竞争加剧,这种粗放式管理方式已难以为继。

老板逐渐意识到,如果不进行彻底的财务管理革新,企业将面临严峻的生存危机。他迫切需要清理账目、规范管理,以准确分配利润、稳定团队士气,并为企业吸引新的投资。

1. 发现财务困境:机遇中的转折

在一次行业会议上,老板结识了某财税咨询的团队,并了解到他们的财务管理服务涵盖财务体系搭建、内控管理、预算规划,以及经营分析,这与企业当前的需求高度契合。老板决定与该团队展开合作,为企业进行财务管理改革。

2. 问题剖析：财务体检揭示风险

合作伊始，该财税咨询团队对企业进行了全面的尽职调查。调查发现了以下多个管理漏洞。

账务混乱：过去的账目积压多年未清理，资产与负债缺乏清晰记录，无法准确判断企业财务状况。

库存失控：仓库多年来未进行系统性盘点，导致商品积压和缺货情况并存，严重影响现金流。

内控缺失：缺乏资金监控机制，企业资金流向不明，容易出现资金浪费和利润流失风险。

3. 定制财务管理方案：建立高效体系

根据企业的实际情况，财税咨询团队设计了一套定制化的财务管理方案，包括以下要点。

（1）新账目体系的建立

清理历史账目，重新核对资产与负债，并根据实际情况建立规范的会计科目。

（2）引入专业财务软件

使用适合批发企业的 ERP 系统，实现财务与业务的实时联动，提升账目管理效率。

（3）内部控制与培训

为企业制定资金审批、库存管理等内控流程，并对员工进行专业培训，提升财务素养和业务协同能力。

（4）定期财务内审与分析

定期对财务状况进行内审，提供经营分析报告，为企业的战略决策提供数据支持。

4. 改革成效：财务透明度和运营效率提升

在财税咨询团队的协助下，企业顺利完成了账目清理，并建立了全新的财务管理体系。通过新软件系统，老板能够随时查看每一笔资金的流向，库存状况也变得一目了然，避免了资金和商品的浪费。

同时，清晰的利润分配机制提高了员工的积极性和责任感，团队的凝聚力显著增强。规范化的财务管理还吸引了新投资者的关注，为企业的扩展提供了宝贵的资金支持。

5. 决策转型：数据驱动的管理方式

通过此次财务管理革新，企业的运营进入了新的阶段。老板从依赖个人关系逐渐转向以数据为基础的科学决策。其中，库存管理更加精准，减少了无效库存积压，提高了现金流周转效率；财务风险可控，通过内控体系和定期审计，企业能够及时发现潜在问题，避免财务危机；市场竞争力提升，高效的运营管理和财务透明度增强了客户信任，企业在市场中的竞争优势更加明显。

三、服务业

面对服务业时，财税机构营销策略应关注于帮助企业提高服务效率和盈利能力，同时优化税务策略。

1. 服务成本精确计算

提供精确的服务成本计算，帮助企业厘清成本结构，提升定价策略。

2. 员工激励与税收

为企业提供员工激励计划的税务规划，如股权激励的税务处理，增强企业吸引和留住人才的能力。

3. 业务拓展和市场营销税务规划

通过提供业务拓展和市场营销相关的税务规划服务，助力服务业增客拓市，提升市场竞争力。

4. 无形资产税务规划

服务业的无形资产如品牌、专利等核心价值高,财税机构可以协助进行相关的税务规划,合理利用税收优惠。

账目透明化
——一家餐饮连锁企业的财务管理革新

小蒙,今年40出头,是一位打拼了20多年的餐饮业"女强人"。经过多年努力,她在本地经营了7家连锁餐厅。然而,随着业务不断扩展,财务管理上的隐患逐渐显现。由于多年来依赖代账公司处理账务,财务报表的准确性和合规性令人担忧,税务风险也在增加。同时,缺乏及时的经营数据让她难以评估各门店的表现,分红制度更是一片混乱,团队人员积极性也因此受挫。

尽管眼前没有发生重大问题,但小蒙知道,如果不尽快规范财务管理,企业的持续增长将面临严峻挑战,甚至可能出现税务稽查风险或资金链断裂问题。

1. 财税困境:隐患重重

顾问团队介入后,对企业财务进行了全面尽职调查,发现了多个与税务和财务管理相关的重大问题。

发票管理混乱:部分供应商无法提供增值税专用发票,导致企业进项税额不足,增加了实际税负。

成本归集不清:各门店的食材采购、人工成本和租金等费用缺乏有效分类,无法进行精确的利润核算,影响了企业所得税的准确申报。

现金流不透明:部分门店采用现金收款,缺乏严格的对账制度,增加了偷漏税的风险。

延迟报税与罚款:多次发生增值税、企业所得税申报延期,企业因逾期缴税而遭到税务机关的罚款和滞纳金。

这些问题不仅影响了企业的财务透明度,还直接加大了税务合规的难度和运营风险。

2. 财务革新：从混乱到规范

在明确了问题后,顾问团队为小蒙的企业设计了一套财务管理方案,着重解决企业财务与税务管理的痛点。

（1）票据与税务合规管理

建立采购管理系统,确保所有供应商提供符合税务合规的发票；优化进销项税额抵扣流程,降低增值税税负；针对现金交易门店,全面推行电子发票和移动支付,提高收入透明度。

（2）成本与利润核算

为各门店建立单独的成本归集账户,细化各项费用归类,如原材料、人工、营销费用等；引入门店绩效分析表,帮助小蒙实时了解每家门店的经营盈亏情况,并据此调整经营策略。

（3）税务申报与风险管理

设置税务申报提醒,避免因延迟申报产生滞纳金和罚款；建立税务预警系统,定期监控经营数据中的异常情况,并在必要时与税务机关进行主动沟通。

（4）团队激励机制

根据各门店的利润情况,建立清晰透明的分红制度,并与财务报表挂钩,提升员工的积极性。

3. 成效显著：经营与财税双提升

财务管理体系建立后,小蒙的企业实现了多个方面的改进。

税负优化：通过精准的进项税抵扣和合规管理,企业的增值税税负减少了约 10%。

资金流透明化：各门店的收入和支出一目了然，再也没有因对账不清导致的漏税风险。

经营数据实时监控：小蒙现在能够随时查看各门店的营业情况和现金流状况，为未来扩张计划提供可靠的数据支持。

员工激励明显提升：新的分红机制下，团队成员更加积极主动，各门店的营收较前一年增长了 15%。

第五章　人才为王：绘制人效增益图谱

在企业的发展历程中，人才是最具战略价值的资源。无论是团队建设、人才甄选，还是员工的持续培养与成长，企业的竞争力与可持续发展都离不开高效的人才管理体系。如何最大化地激发团队潜力、提升个体与组织的协同效能，已成为企业管理者关注的核心议题。在财务与业务的深度融合中，懂得选才、育才与理财的管理者，往往能够掌握企业成功的关键密码。

本章旨在帮助读者深入理解人才管理的逻辑和价值，并绘制出人效增益的清晰图谱。卓越的团队建设不仅依赖于个体能力的叠加，更需要成员之间的默契协作与优势互补。通过科学的选才方法，企业才能确保将合适的人放在合适的位置上，而培养员工的财务素养，更是激发其综合能力、助力企业实现效益提升的重要手段。

本章主要从三个方面展开探讨。首先，揭示团队建设的成功秘诀，分享如何通过"三才"（人才、才能、财富）的结合打造卓越团队；其次，剖析人才甄选的艺术，为企业提供系统的选才思路和操作指南；最后，我们将重点讲解如何培养员工的理财能力，让他们成为懂业务、会理财的财务达人。这些内容将帮助企业管理者全面提升人才效能，构建更具竞争力的团队，并通过财务素养的提升，推动组织目标的高效达成。

第一节 三才相得：卓越团队的建设之道

在团队建设中，"三才相得"的理念强调的是领导者、团队成员，以及团队整体之间的和谐与平衡。领导者需要具备卓越的洞察力和决策能力，能够为团队指明方向，同时也要懂得授权和信任团队成员，激发他们的潜能。团队成员应当具备专业技能和团队精神，能够在各自的岗位上发挥最大的作用也要学会相互支持和协作，共同面对挑战。团队整体需要形成一种积极向上的文化氛围，鼓励创新和持续改进，这样才能在竞争激烈的环境中保持优势，实现长远的发展，如图 5-1 所示。

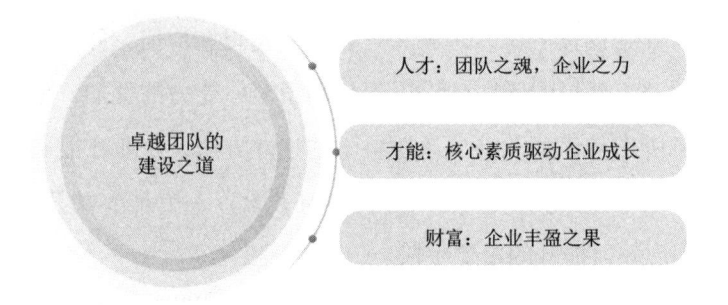

图 5-1 团队建设

一、人才：团队之魂，企业之力

在三才之中，人才无疑是连接天地，促进和谐的关键所在。在不同的时代背景、不同的组织架构中，人才的概念或许有所侧重，但其定义的核心始终绕不开这样一个事实：人才是构建任何伟大事业和团队的基石。

1. 童真角度：人才的基本属性

我们可以从孩子的视角解读人才的含义。在孩童的眼里，人才是那些无所不能的神奇伙伴，他们是游戏的共同参与者，是探险旅途中的勇敢领路人，是能将平凡时光转换为无限欢乐的魔法师。孩子们与人才的交互中体现了人才的基本属性：共情、互动和启发。

2. 企业语境：人才的价值诠释

随着年龄的增长，我们的视野逐步扩展到职场和社会，人才的概念也因之更加丰富和专业化。在现代企业环境中，人才不再是单纯的知识储备者，更不是简单的技能操作者。相反，人才代表的是一种综合力量，一种能够促进企业整体跃进的独特优势。

3. 沟通能力：人才的必备技艺

人才首先需要拥有超群的沟通能力。在企业团队中，沟通不仅仅意味着信息的互换，更代表着理念的交流、情感的分享和共识的构建。良好的沟通技巧能够打破部门壁垒，加强团队之间的协作，从而推动项目和任务的高效完成。

4. 积极主动：人才的行动准则

人才还应具备主动性和积极性。在快节奏、高效率要求的商业环境下，那些等待机会送上门的人往往会被市场淘汰。相对的，愿意不断寻求突破，主动出击得到机遇的人，才是团队中的宝贵资产，他们不等待时机，而是创造时机。

5. 乐观向上：人才的精神信仰

乐观向上是人才不可或缺的精神特质。企业路上的曲曲折折需要那些能够以积极心态面对困难、变压力为动力的人才来担当重任。乐观的人能够给团队注入正能量，引导所有人保持积极进取的状态，共同面对挑战。

6. 人才的培养与作用

企业中人才的培养与选拔应当成为重中之重。一个具备沟通能力、积极主动态度和乐观精神的团队，无疑能在市场竞争中占据一席之地。团队中的每一位成员都应该是这种企业文化的代表和承载者。

7. 人才的不可估量价值

无论是在孩童的游戏中还是在紧张严肃的商业环境下，人才的角色都不可小觑。他们是游戏中的舵手，是探险中的向导，是企业中的推动者。培养人才，就是在投资未来；尊重人才，就是在铸造希望。让我们以孩子的好奇心去探寻人才的秘密，以企业的智慧去培育人才的力量，这样我们的团队将无往而不利，我们的事业将充满无限的可能。

二、才能：核心素质驱动企业成长

才能，这个字简简单单，却蕴含着深远的意义。它不仅仅代表知识和技能，更代表着在商业海洋中航行的智慧和精神。真正的才能，是可以转化为生产力，进而为企业塑造辉煌成就的重要因素。

1. 才能的价值体现

在判断一个人的才能时，我们往往从其具体技能和知识着手。然而，在现代竞争激烈的商业环境下，仅仅具备这些素质还不够。团队成员必须拥有更为全面的才能，一种能够推动团队进步、助力企业创造价值的全方位才能。

2. 沟通技巧

沟通能力是衡量才能的第一指标。它关乎信息的有效传递、合作的顺畅展开和冲突的有效解决。一个优秀的沟通者能够确保团队协作中的无缝对接，为企业运转提供润滑油，是开展所有工作的基础。

3. 乐观态度

乐观的心态不是简单的天性，而是一种可以锻炼和培养的才能。它使团队成员即使面对挑战和压力也能保持积极正面的状态，能激发潜能，鼓舞团队士气，带来更有利的工作环境和更高的工作效率。

4. 主动性

在企业快速发展的人才观中，主动性占据着核心地位。那些总是等待别人授业解惑的人很难打动管理者的心。相反，那些能够见缝插针，积极寻求机会的人，贡献的不仅是工作成果，更有他们带来的创新和活力。

5. 社会与家庭认可的才能特质

除此之外，有一些被父母和社会广泛认可的才能特质也不容忽视。这些包括：感恩心——了解付出与回报的关系，懂得珍惜和感谢团队每一分付出；执行力——确保工作不仅仅停留在规划上，更能够落实到行动中；效率——在商业竞争中，能够快速创造价值的能力显然至关重要。

6. 才能的培养环境

才能的培养需要一个包容性的环境，它不应仅仅出现在学校教育中，而应当贯穿生活的方方面面，从家庭教育到社会实践，都是才能成长的沃土。在这样的环境中，每一位团队成员都可以绽放才华，拥抱成长，最终让个人才能与企业需求完美匹配。

7. 寻求和识别才能

在招聘和团队构建时，找寻那些具备上述才能特质的成员显得尤为关键。面试和团队互动时，我们不仅要仔细审视候选人的技能匹配程度，更应关注其沟通能力、态度、执行力，以及是否能够带来正向的工作效能。

8. 全面才能的丰富多彩

才能并不是单一色彩，它像一幅立体的油画，由不同的色彩和形状组合而成。企业需要这样的人才画卷，上面有着善于沟通的协调者，有性格乐观的战士，有主动出击的探索者，也有感恩和空杯心态的学习者。这样的团队才是坚不可摧的。

9. 才能，团队之才、企业之宝

才能是团队成长，也是企业成功的关键所在。作为领导者和管理者，我们需要培养和利用这些才能，让他们在团队内散发光芒，并为企业的发展注入无限的活力和潜力。让我们肩负起这份责任，既是挑战也是机遇，共同营造一个充满才能的企业环境，使之成为推动社会前行的力量之源。

三、财富：企业丰盈之果

财富，一般指是金银财宝，物质世界的丰衣足食。然而，在更为广阔和深沉的层次上，财富的含义远超过货币的堆砌，它是团队协力拼搏的成果，是企业发展脉络的鲜明标志。

1. 多元财富的构成

在企业的生态系统中，物质财富自然是基石，它直接关乎企业的运转和发展。但这并不意味着应将全部精力投注在对金钱的追逐上。企业之所以能立足于激烈的商业竞争中，靠的是其能在财富的多元维度上进行耕耘和收获。

2. 声誉与和睦

企业的声誉与和睦是难以估量的财富。在团队内部，彼此之间的理解、尊重和支持，构建了一个稳固的信任网络，这是任何金钱都无法购买的团队精神财富。而在团队外部，良好的业务关系和社会声誉，有时比金钱更为重要，它能为企业带来更多的合作机会和资源。

3. 慈悲与智慧

慈悲的心，让决策者在商业的利益张力中找到平衡，这种价值观上的财富能够促进企业实现可持续发展，得到社会与环境的双重回馈。智慧，则如同指导灯塔，照亮企业探索未知和决断难题的道路。它既是理性分析的能力，也是创新思维的按钮，是企业在市场中不断前行的重要驱动因素。

4. 创造综合财富的团队追求

团队应下定决心，一方面积极创造物质财富，另一方面也致力于培育成员间的良好人际关系和精神富足。比如，可通过组织团建活动来加强团队凝聚力，通过培训提升团队成员的专业水平和思维广度，通过公益活动增强团队成员的社会责任感和慈悲心。

5. 衡量财富的标准

如何衡量一个公司的财富？答案不仅在财务报表的数字上，更显现在员工的满意度、客户的忠诚度和社会的认同度上。企业应以更为全面的视角去考量自身的财富，其中，包括经济效益、社会价值和精神层面三个维度的均衡发展。

6. 企业的综合实力象征

在生活的方方面面，财富无不扮演着重要的角色。于企业而言，物质财富固然基础，但更宝贵的是声誉、和谐、慈悲、智慧这些精神和文化财富。这些无形资产在不经意间，往往能成为企业最强有力的支撑。这种全维的财富观，铸就了企业在这个多元化世界中的坚实地位和持久光芒。

第二节 选才艺术：人才甄选秘籍

在商业竞争中，选才艺术对企业成功至关重要。吸引和保留人才直接影响企业竞争力。掌握高效的人才甄选方法对企业至关重要。选才艺术要求招聘者具备敏锐洞察力、专业评估能力和持续培养意识，以在市场竞争中找到并留住关键人才，如图5-2所示。

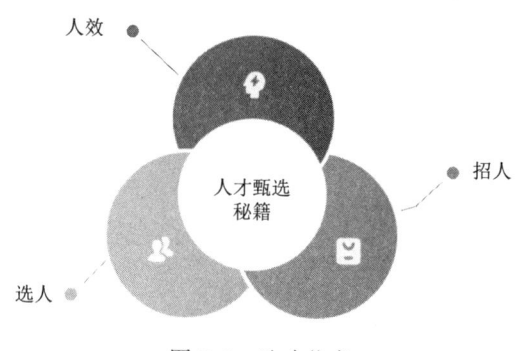

图5-2 选才艺术

一、人效

在当今日益激烈的商业环境中，财税服务公司面临着不断的竞争和挑战。在这样的背景下，如何有效地评估和提升人力成本效益，成了一个企业能否持续走在行业前沿的关键。精准的人力资源管理不仅可以优化公司的成本结构，还能显著提高员工的工作效率和企业的整体绩效。

1. 评估人力成本效益

对于财税公司而言，评估人力成本效益的第一步是对现有人力资源进行全面审视。这包括对员工的薪酬水平、工作效率、业务能力，以及对公司整体目标的贡献度进行综合评估。

（1）薪酬结构审查

审查现有的薪酬体系，确保其既公平又具有竞争力。通过市场调研来判断薪资是否与岗位匹配，并与企业的财务状况相符合。对于表现出色的员工，应考虑给予奖励和激励，以保持团队的积极性和忠诚度。

（2）效率与绩效分析

运用绩效管理系统来跟踪和评估员工的工作效率，定期设定和审视员工的具体目标及其完成情况。通过KPI（关键绩效指标）来测量员工对业务目标的贡献度，同时识别任何可能的效率瓶颈或能力缺口。

（3）ROI（人才投资回报率）计算

通过核算每位员工的总成本和其所贡献的经济价值，计算员工的人才投资回报率。这个比率能帮助财税公司评估人力投资的有效性，并为人力资源的配置提供数据支持。

2. 提升人力成本效益

评估完成后，财税服务公司需要制定具体的策略来提升人力成本效益。

（1）战略性人力资源规划

通过战略性的人力资源规划，确保企业能招募到所需的关键人才，并将其放在合适的职位上。在这个过程中，强调员工的继续教育和职业路径发展，提高员工的忠诚度和职业满意度。

（2）技能和能力培训

定期对员工进行技能培训和能力提升，特别是在财税法律法规、新兴技术和软技能等方面。培训不仅能增加员工个人的价值，也能提升整个团队的业务处理能力。

（3）晋升与激励机制

建立有效的晋升通道和激励机制，激发员工的积极性和创造性。例如，通过业绩提成、股权激励或者非金钱性奖励等形式，让员工感受到个人发展与企业成功的紧密联系。

（4）优化工作流程

通过优化业务流程，消除冗余工作，实现工作自动化，从而减少人力成本。例如，引入云财务、智能化税务报告系统,使复杂的财税工作流程简化，节约时间，减少错误，提升效率。

3. 持续跟踪与优化

在实施提升策略的同时，财税服务公司还需建立持续跟踪与优化体系。

（1）定期绩效回顾

定期对员工绩效进行回顾，确保员工的实际表现与公司的目标保持一致。这些回顾应结合员工的反馈，以确保改进措施的有效实施。

（2）流程和政策的定期更新

随着市场的变化和企业战略的发展，企业应定期更新内部流程和人力资源政策，确保其始终符合公司最新的业务需求。

二、招人

财税服务公司在招人过程中，需要综合考虑多个方面，以确保吸引和挑选出高质量的人才，既符合岗位需求，又能适应公司的文化和发展目标。以下是一些财税公司可采用的招聘策略和步骤。

1. 定义岗位要求与职责

在招聘开始之前，财税服务公司需要清晰地界定每个岗位的职责、要求，以及必须具备的专业技能。例如，是否需要具备特定的税法知识、海外税务处理经验或是精通特定财务软件的能力。准确定义岗位需求有助于吸引符合条件的候选人。

2. 利用多样化的招聘渠道

为了丰富人才库，财税服务公司可以同时利用多种招聘渠道。

（1）在线招聘平台：发布职位信息至智联招聘、BOSS直聘等专业招聘网站，或是行业特定的招聘网站。

（2）校园招聘：与大学合作，直接从学校的财务、会计或税法专业中选拔优秀毕业生。

（3）社交媒体：利用公司的微信公众号、微博等社交媒体平台发布招聘信息，拓宽信息覆盖范围。

（4）猎头服务：对于高级或需要特定技能的职位，可以考虑使用专业猎头服务。

3. 详尽的筛选与面试流程

招聘过程中，筛选简历是第一步，需要重点检查候选人的教育背景和工作经历是否符合岗位需求。之后，可以通过电话或视频初步面试来进一步评估候选人的沟通技能和专业知识。

对于面试的深入阶段，可以采用以下方法。

（1）技能测试

设计相关的财税知识测试，评估候选人的专业能力。

（2）案例分析

通过实际的业务案例分析，考查候选人的逻辑思维和解决问题的能力。

（3）团队面试

引入未来的直接上级或同事，评估候选人与团队的化学反应和合作潜力。

（4）背景调查

对于通过面试的候选人，进行必要的背景和资格证书调查，确保其诚信度与专业资格。

4. 重视公司文化的匹配

除去技能和经验的匹配，公司文化的适应也是评估候选人时不可忽视的一环。在面试过程中可以设置相关的问题，了解候选人的价值观、工作态度和个人性格是否与公司的文化和核心价值观相符。

5. 清晰的职业发展路径

为了吸引和留住优秀人才，财税服务公司应向候选人明确展示公司内部的职业成长与发展机会。例如，提供职业培训、师徒制度、晋升渠道开放等。

6. 优化候选人体验

在整个招聘过程中，给予候选人良好的体验也非常重要。这包括及时反馈面试结果、清晰透明的沟通，以及在面试现场的专业接待，这些都能有效提高公司的口碑，吸引更多优质人才的关注和应聘。

三、选人

随着企业管理和运营环境的不断复杂化，一个专业和高效的财税团队对企业的持续健康发展起着至关重要的作用。因此，财税服务公司在招聘过程中，如何精准定位和选拔合适的人才，成为其成功与否的关键因素之一。以下将详细介绍财税公司如何选人的策略和方法。

1. 明确岗位需求和专业技能要求

在招聘开始之前，首先要对公司目前的财税团队进行全面的评估，明确团队当前的能力结构和未来的发展方向。基于这样的评估，公司可以详细定义每一个岗位的职责、要求，以及必需的专业技能和经验。例如，是否需要税务优化的专家，或是具备一定国际财税法规知识的高级会计师等。

2. 选拔方式的多样化

财税服务公司在选拔人才时，可采用多样化的选拔方式，结合线上线下的多种渠道进行人才搜索和评估。

（1）校园招聘与实习生项目

校园招聘可直接从高等院校选拔有潜力的学生，通过实习生项目对其进行实战训练，观察其学习和适应能力。

（2）社会招聘与猎头服务

针对需要特定经验或高级技能的职位，公司可以通过猎头公司或专业的招聘平台进行人才搜索。

（3）内部推荐

鼓励公司内部员工推荐优秀人才，有时内部员工的推荐更能确保新员工与公司文化的契合度。

3. 重视专业能力和实操经验

财税领域特别重视实务操作能力和专业知识的积累。在面试过程中，除了对应聘者的学历背景、专业资质（如会计师证书、税务师证书等）进行审查外，还应通过案例分析、现场解题等形式，深入测试应聘者的实际工作能力和问题解决能力。

4. 考查综合素质和团队合作能力

财税工作不仅仅是单打独斗，更多的时候需要团队协作。在选择人才时，除了专业能力外，公司还应该重视应聘者的沟通能力、团队合作精神，以及压力应对能力。这可以通过团队互动的面试环节或者角色扮演的方式来进行评估。

5. 强调职业操守和道德规范

由于财税工作涉及企业的财务信息和税务安排，涉及面广，敏感度高。因此，职业操守和道德规范是财税行业特别强调的。公司在招聘时，需要通过背景调查、往期工作审核和面试中的道德情景问答等方式，来确保应聘者具备良好的职业道德和诚信。

6. 持续教育与职业发展路径

优秀人才的吸引和留存，还需要公司提供清晰的职业发展路径和持续教育的机会。公司应为员工提供定期的专业培训、行业研讨会参与机会，以及可能的职位晋升渠道。这不仅有助于提升团队整体素质，也能增强员工的归属感和满意度。

第三节 理财导航：指点迷津，教你成为财务达人

在企业的日常经营中，财务管理不仅是一项基础工作，更是一门战略艺术。无论是中小企业的创始人，还是成熟企业的高管，都面临着如何科学管控财务、规避风险、提高效益的挑战。而对于不少企业来说，财务管理往往被简化为做账报税，忽视了其在资源配置、战略决策和长远发展中的重要价值。

一、为什么做财务管理

在企业的经营活动中，财务管理是核心环节，它关系到企业的稳健运营和长期发展。无论是成熟期、成长期还是初创期的企业，财务管理都是确保企业健康运营、实现战略目标和提升市场竞争力的关键。通过专业的财务管理，企业不仅能够提高财务透明度和合规性，还能够优化资源配置，降低运营风险，最终实现可持续的增长和发展。

1. 成熟期企业

成熟期的国有企业、上市公司和大型民营企业通常拥有专业的财务团队，并且可能会借助会计师事务所或专业管理咨询公司的专业服务。这些企业需要通过财务管理来进行复杂的税务优化、资本运作和风险管理，以维护其市场地位和股东利益。

华为是我们非常熟悉的一家公司，其在财务管理方面也符合一家成熟期企业的表现。华为通过建立专业的财务团队，并与国际四大会计师事务所之一合作，进行全球税务优化和资本运作。

2018年，据《金融时报》报道，华为通过其财务部门的精心规划，成

功地在全球范围内实施了税务优化，有效降低了其国际运营的税负。此外，华为还通过发行债券和银行贷款等多种资本运作手段，为其研发和全球扩张提供了资金支持。

在风险管理方面，华为的财务团队建立了一套先进的内部控制系统，以应对国际贸易政策变动和汇率波动带来的风险。这些措施帮助华为在全球市场中保持了竞争力，并保护了其股东的利益。

华为的案例体现了成熟期企业如何利用财务管理的复杂策略，包括税务优化、资本运作和风险管理，来巩固其在全球市场中的领导地位。

2. 成长期企业

成长期的中小型企业可能已经具备了基本的会计人员，但缺乏健全的财务体系。这些企业需要通过财务管理来建立内控管理、财务预算、经营分析等关键财务流程。例如，一家成长型的科技公司可能需要通过财务分析来优化生产成本、提高资金使用效率和增强市场响应速度。

特斯拉是一家知名的电动汽车和清洁能源公司。在早期成长阶段，特斯拉面临了巨大的资金需求和市场竞争压力。为了应对这些挑战，特斯拉建立了一套健全的财务体系，并通过财务分析来优化其生产流程和市场策略，从而实现快速扩张。

据彭博社报道，特斯拉在2010年上市后，利用筹集的资金加强了其财务预算和经营分析能力。公司通过财务数据深入分析了生产成本结构，并实施了一系列成本控制措施，如采用创新的制造技术和自动化生产线，显著降低了单位成本。

此外，特斯拉还通过财务管理优化了资金使用效率，加快了新产品的研发和市场推广速度。公司的风险管理策略也为其在不断变化的市场环境中保持了竞争力。

特斯拉的案例展示了成长期企业如何通过建立内控管理、财务预算和经营分析等关键财务流程,来优化成本、提高资金使用效率和增强市场响应速度,从而实现快速成长。

3. 初创期企业

初创企业往往资源有限,可能依赖代账会计或代账机构来处理财务事务。但随着企业的成长,财务管理的需求也会随之增加。初创企业通过财务管理能够确保账目的清晰,合理规划资金流动,并为未来的融资和扩张打下基础。

Airbnb 作为一个创新的在线短租平台,在初创期面临着典型的初创企业财务挑战。根据《纽约时报》的报道,Airbnb 的创始人在早期通过创意的财务管理策略来解决资金短缺问题。他们通过使用信用卡筹集初始资金,并利用这些资金来支持公司的早期运营。

随着业务的增长,Airbnb 很快意识到需要更专业的财务管理来确保账目的清晰和资金的有效管理。公司开始建立内部的财务管理团队,并逐步从依赖代账会计服务转向建立自己的会计和财务系统。

通过精细化的财务管理,Airbnb 能够合理规划资金流动,优化现金流管理,并为公司的快速扩张提供了坚实的财务基础。此外,清晰的财务报告和健全的财务体系也为 Airbnb 赢得了投资者的信任,促进了后续的多轮融资。

Airbnb 的案例证明了初创企业通过有效的财务管理,不仅能够确保财务的透明度和合规性,还能为未来的融资活动和业务扩张打下坚实的基础。

二、什么是财务管理

财务管理是企业运营的中枢神经系统,它涉及资金的筹集、使用和管理,确保企业的财务健康和可持续发展。财务管理的形态是多面的,它需要根据企业的具体情况来定制。一个有效的财务管理体系能够帮助企业提高财务透明度,优化资源配置,降低运营风险,并支持企业的长期发展和战略目标的实现。

1. 初创期企业的财务管理挑战

在初创阶段,企业更多地是聚焦于产品开发和市场开拓,财务管理往往不是主要关注的领域。许多初创企业往往会找第三方代账会计或者代账机构来处理企业中的财务。

然而,随着企业的成长,原有的财务管理模式可能不再适应新的需求。为此,初创企业需要逐步建立起适合自身特点的财务管理体系。初始阶段,这可能意味着从基础做起——建立企业记账、报税的基本流程,逐步学习财务知识,并开始关注如何通过财务数据来优化业务操作。

随着企业业务的扩展,初创企业会发现对财务管理的要求越来越高,比如资金筹集、成本控制、财务规划、投资回报分析等方面需要深度的财务知识和严格的财务控制。

2. 成长期企业的财务管理需求

相较成熟企业,处在成长期的中小型企业在财务管理方面面临不同的挑战和需求。一方面,它们可能还未能建立起一个完善的财务管理系统。

它们的首要任务是建立起一套科学的内部控制体系,确保企业资金的安全性和有效性。内控的建立不仅涉及财务流程的规范,也包括通过内部审计来发现和防范风险。

财务预算的制定是成长期企业另一项重要的财务管理工作。预算管理不仅有助于资源的合理分配，也是有效控制成本和支出的方式。

此外，随着企业的发展，经营分析也变得日益重要。正确的经营分析能够帮助企业把握市场发展趋势，为战略决策提供支持。

3. 成熟期企业的财务管理特点

成熟期的企业，如国有企业、上市公司和大型民营企业中，财务管理已经成为企业结构的一个核心组成部分。其特点主要体现在以下方面。

（1）专业团队

成熟期企业的财务管理通常由一支专业的团队负责。这个团队不但具备深厚的财务专业知识，还需要对业务有着深入理解，以确保财务策略与企业战略紧密配合。

（2）标准化流程

财务决策和操作都有着严格的标准化流程。规范的内部控制系统能够帮助企业更有效地进行风险管理，确保资金在诸如并购、扩张等重要环节的合理利用。

（3）购买专业服务

为了应对更为复杂的财务问题，成熟期企业可能还会聘请四大会计师事务所或者专业管理咨询公司提供外部专业服务。例如，税务优化、企业重组、上市咨询等专项服务能够给企业的财务管理带来专业的视角与建议。

（4）严格遵守相关规定

成熟期企业在对外报告和披露方面也有更高的要求。上市公司尤其需要严格遵守证券监管机构的规定，进行定期的财务报告和信息披露。

4. 财务管理的关键组成部分

（1）尽职调查

尽职调查是财务管理的起点，它涉及对企业财务状况的全面评估，包括历史财务数据、税务合规性、内部控制流程等。通过尽职调查，企业能够识别潜在的财务风险和改进点。

（2）经营分析

经营分析是财务管理的核心活动之一，通过分析财务报表来评估企业的盈利能力、运营效率和财务稳定性。经营分析帮助管理层了解企业的财务表现，并为战略决策提供数据支持。

（3）流程梳理

流程梳理是优化财务管理的重要步骤，它涉及对企业财务流程的评估和改进。其中，包括简化会计流程、优化资金流转路径和提高财务报告的准确性。

（4）体系搭建

体系搭建是建立或完善企业财务体系的过程，包括核算流程的建立、财务软件的选配、账套设置和期初建账等。一个良好的财务体系能够提高企业的财务管理效率和透明度。

（5）实施落地

实施落地是确保财务制度和流程得到有效执行的关键环节。这包括指导会计人员进行财务核算实操并定期进行财务检查和审核。

三、财务管理怎么营销

财税服务机构的财务管理营销是一项细致而专业的工作。它不同于常规商品或服务的销售，因为所涉及的服务往往较为复杂，需要深度的专业知识和精准的市场定位。以下是一些有效的营销策略，用于增强财税机构在市场上的竞争力。

（1）建立品牌信任

品牌信任是财税服务机构营销的基石，可以通过提供高质量的服务、成功案例分享、客户评价等方式来建立和巩固品牌信任。此外，持续地专业发展和获得行业认证（如注册会计师、国际注册会计师等）也将增加服务的可信度。

（2）深化专业服务

财税服务市场日趋细分，财税机构应针对不同行业、不同规模的企业提供专门的服务方案。例如，对于初创公司，可以提供一站式的注册、记账、税务申报等服务；对于成熟企业，则可以提供财务审计、税务优化、国际税收合规等高端服务。

（3）利用多渠道营销

在营销渠道选择上，数字化营销手段不容忽视。通过建立专业的网站、活跃的社交媒体账号，可以持续吸引潜在客户。通过网络广告、搜索引擎优化（SEO）、内容营销（如博客、线上研讨会等），财税机构可以展示专业实力，并提供有价值的信息来吸引关注。

（4）进行网络互动和教育营销

通过网络平台进行专业交流和教育性营销是一种有效的方式。财税机构可以开展线上问答、讲座、研讨会等，逐步建立起专业权威形象，并吸引有需求的企业或个人。

（5）重视口碑营销

口碑效应在财税服务行业尤为显著。客户的正面推荐是获取新客户的重要途径。因此，积极搜集客户反馈，通过优质的服务来获得客户的评价和推荐至关重要。

（6）针对性的服务产品包装

考虑到不同企业的不同需求，财税机构可以针对性地提供服务包装，如针对中小企业的"税务合规包"、外商投资企业的"跨国税务服务包"等，这不仅便于营销，也便于客户理解和选择。

（7）定期进行市场分析

市场分析可以帮助财税机构理解和预测市场趋势，识别新的需求点和痛点。这信息不仅能指导服务的创新和升级，也是制定有效营销策略的基础。

（8）合作与联盟

通过与银行、律师事务所、商会等其他专业服务机构建立合作关系，财税服务机构可以扩大其服务的曝光度，获取更多的引荐客户。

（9）开展活动营销

参与或主办行业内的论坛、研讨会、展览、慈善活动等，可以提升财税机构在行业内的知名度和品牌形象，与潜在的合作伙伴建立联系，扩大业务范围。

（10）提供个性化服务

在面对越来越个性化的市场需求时，财税机构的营销也要体现出高度的个性化。这可能意味着从无形服务的性能、质量到有形的客户体验，每一个环节都需要通盘考虑和精心设计。

创新营销策略提升财务管理服务品牌影响力

在财务管理服务领域，有效的营销策略是财务咨询公司脱颖而出的关键。安徽瑾桐财务咨询有限公司通过一系列精心策划的营销策略，成功提升了其财务管理服务的品牌影响力，以下为其核心策略的优化阐述。

一、市场教育与价值展示

瑾桐财务咨询公司深知市场教育对于提升财务管理服务认知度的重要性。因此，公司定期举办线上线下的财务知识研讨会和专业课程，内容涵盖财务报表解读、财务规划、预算管理等核心知识。这些活动不仅传授了实用的财务技能，还有效提升了潜在客户对财务管理服务价值的认识。

为了更直观地展示服务价值，瑾桐财务咨询公司精心挑选并分享了多个成功的客户案例。例如，通过详细解析如何帮助某企业优化税务结构、降低成本、提升资金使用效率的过程和成果，公司成功树立了专业、可信赖的品牌形象，增强了潜在客户的信任感和合作意愿。

二、品牌建设与网络传播

在品牌建设方面，瑾桐财务咨询公司充分利用网络平台的力量。通过公司网站、微信公众号、微博等社交媒体渠道，公司定期发布高质量的财务知识文章、行业动态和公司新闻，以此提升品牌知名度和行业影响力。这些内容的发布不仅展示了公司的专业实力，还增强了与潜在客户的互动和黏性。

同时，瑾桐财务咨询公司非常重视客户口碑的传播。公司鼓励现有客户分享他们的成功故事和合作体验，通过真实的客户反馈来吸引更多新客户。这种口碑效应在财务管理服务领域尤为重要，因为它能够建立起一种基于信任和认可的长期合作关系。

三、多元化服务与定制化方案

为了满足不同客户的个性化需求，瑾桐财务咨询公司提供了一系列多元化的服务。从基础会计服务到全面的财务顾问服务，公司都能够提供专业的支持和解决方案。此外，公司还特别注重定制化服务的发展，根据每个客户的具体情况量身定制财务解决方案，确保服务的针对性和有效性。

除了传统的咨询服务外，瑾桐财务咨询公司还提供专业的培训服务。通过帮助客户提升自身的财务管理能力，公司不仅传递了专业知识，还进一步展示了自身的专业水平和实力。这种培训服务不仅增强了客户的忠诚度，还为公司带来了更多的业务机会。

四、透明沟通与成交法则

在营销过程中，瑾桐财务咨询公司采用了直接、透明的沟通方式。公司明确了"你要什么（需求）""我怎么做（方案）""多少钱（价格）"的成交法则，这种简洁明了的沟通方式有助于快速理解客户需求、提供合适的解决方案，并就服务价格达成一致。这种透明度和效率不仅提升了客户满意度，还增强了公司的市场竞争力。

五、营销材料的制作与分发

为了更有效地推广其服务，瑾桐财务咨询公司制作了一系列高质量的营销材料。这些材料包括"教老板看懂三大报表""招才选将指南""客户成交心得"等，它们不仅提供了有价值的信息和实用的技巧，还展示了公司的专业能力和服务范围。这些材料的分发不仅增强了潜在客户对公司的了解和信任，还为公司的品牌建设提供了有力的支持。

通过上述营销策略，瑾桐财务咨询公司成功地推广了其财务管理服务，并在市场中建立了强大的品牌影响力。财务管理服务的营销需要结合教育、展示、品牌建设、客户口碑和多元化服务，以满足不同客户的需求，建立长期合作关系。

四、盘点公司现有会计水平

在财务和税务的专业服务领域，客户公司的会计水平直接影响了财税工作的质量和效率。为了保障服务的高标准和满意度，财税服务公司需要定期进行客户会计水平的盘点。

1. 初步了解客户背景

在开始具体的评估之前，对客户的基本信息进行搜集和分析是必要的。包括但不限于公司规模、行业特性、业务模式、历史会计记录和财务报表等。这为深入了解其会计状况提供了基础。

2. 检查会计政策与准则的一致性

评估客户是否遵循了适用的会计政策及准则，包括国际财务报告准则

（IFRS）、美国会计准则编制委员会（ASC）等。确保其编制的财务报表准确体现了业务活动，并符合监管要求。

3. 评估会计流程与实践

深入研究客户会计流程的设计、执行，以及相关的内部控制机制。重点检查收款、付款、财务报告和税务合规等关键环节，评定其效率和效力。

4. 审查历史财务报表

对客户过去一段时间内的财务报表，如损益表、资产负债表、现金流量表及附注等进行细致审查。观察是否存在异常波动、与预算存在重大偏差、或有潜在的会计错误。

5. 分析财务比率和指标

利用各种财务比率如流动比率、资产负债率、净资产收益率等，以及其他关键指标如客户赊账期限、存货周转率等，来评价客户的财务健康程度。

6. 监控内部和外部审计发现

财税公司应正视与分析内部审计或第三方审计报告指出的任何问题。这些发现能提供客户实际会计实践和理论要求之间差异的有力证据。

7. 面谈员工与管理层

通过面谈涉及会计工作的团队成员、财务经理及高层管理等人员，可以获得关于会计流程、财务报告准备工作的第一手信息。

8. 制定提升和改善建议

在盘点客户会计水平的基础上，必须制定量身定制的改进措施。这可能包括重新设计会计流程、再培训财务人员、引入新的会计软件或其他技术解决方案等。

9. 跟进服务与支持

完成初步评估和建议方案后，财税公司应提供持续的跟进服务和支持，如定期审查财务流程的改进状况，或对客户的会计团队进行进一步培训和指导。

10. 组建外部顾问团队

对于需要深度改善的客户，可以考虑组建由财税专家组成的外部顾问团队。这个团队可以提供专业建议，协助客户实行改进措施，并提高其整体的会计能力。

五、了解企业后端财务交付能力

当接手新客户或评估现有客户时，了解客户企业的后端财务交付能力是判定能否提供有效服务的关键步骤。对于此类能力的深入了解，不仅可以帮助财税公司有效定制服务，还能在一定程度上保护财税机构自身的商业利益。

1. 初步沟通了解

通过初访或者向客户提交一系列调研问卷，财税机构可以收集关于后端财务交付系统基础的信息。此阶段的目的是为财税服务公司提供一个总览框架，以便能够评估客户的基础财务交付能力。

2. 数据管理系统评估

客户的资料和数据管理系统是后端财务交付能力的核心。需要评估客户所使用的会计软件或云服务是否足够现代，以及是否采用了合适的数据备份和保护措施。此外，需深入了解系统中的交易记录是否完整、准确。

3. 财务流程与政策审查

深入研究客户的财务政策与内部控制程序。这包括但不限于采购、支付、资金管理和财报编制流程。审查这些流程是否标准化、是否通过审计，并对可能的风险点进行标记。

4. 了解团队结构与职责分配

会计和财务团队的结构决定了后端交付能力的实际操作成效。了解团队的知识水平、专业背景，以及人员配置情况。关键性岗位的专业性和责任感是保障财务交付精准的决定因素。

5. 资源配置与工作效率

评估客户的财务资源配置是否合理，该环节包括对财务工作时效和各部门之间的协调工作能力的评估，判断是否存在不必要的重叠工作或资源闲置现象。

6. 交付结果的质量审计

选择一定时期内的财务报表或税务文件，对其准确性、时效性和完整性进行审查。听取客户以往的外部审计意见，可以为财税服务机构评估客户的财务交付能力提供第三方意见。

7. 合规性与税务优化

了解客户在税务合规及税务优化方面的情况，包括税务申报记录、税收优惠政策的利用情况，以及刺激税收优化的措施。这能说明客户公司的财务团队是否有能力及时响应税务规定的变化。

8. 危机应对与业务连续性计划

评估客户是否有充分的危机应对方案和业务连续性计划，如面临自然灾害或网络攻击等突发事件时的财务数据保护与恢复措施。

9. 提供财务培训与支持的能力

除了评估现状，财税机构还需考察客户是否愿意并有能力接受财务培训和支持。一方面，此举能够提升客户的自身财务处理能力，另一方面也能增强双方的合作关系。

10. 持续监控与反馈机制

建立客户财务数据的持续追踪机制，定期获得他们财务操作的反馈信息。通过定期的沟通和更新，保持对客户后端财务交付能力的了解始终是最新的。

后　　记

亲爱的读者们，能以文字的形式与您相见，我心中充满喜悦。自幼对语文情有独钟，尤其喜爱文言文的韵味。这种对文字的热爱，或许正是我能够静心书写财税服务行业转型历程的内在动力。

20年前，我踏入安徽理工学校的大门，学习会计电算化。虽然内心向往市场营销和旅游专业，但在母亲的坚持下，我选择了会计这一"越老越吃香"的职业。两年半的专业学习后，我提前步入职场，开始了在深圳一家手机公司的出纳工作。然而，由于缺乏有效的管理和制度，公司不久便陷入困境，我的第一份工作也随之结束。

带着成为主办会计的梦想，我回到家乡，加入了一家集团公司，担任成本会计。在那里，我意识到了生产部门的问题，但受限于家族企业的复杂关系，我的努力未能得到应有的重视。这段经历让我更加坚定了追求专业发展的决心。

随后，我有幸在一位前同事的引荐下，成为一家制造企业的主管会计。在那里，我不仅实现了个人职业目标，还将理论知识付诸实践，为公司建立了财务软件系统和管理制度。这段经历为我日后的创业之路奠定了坚实的基础。

2011年，我与爱人一同来到合肥，开始了我们的创业之旅。在暖通行业，我们凭借敏锐的市场洞察力和不懈的努力，收获了人生的第一桶金。然而，内心深处对专业工作的向往促使我再次出发，于2017年创立了安徽瑾桐财务咨询有限公司（以下简称瑾桐），将我的专业、热爱和梦想融为一体。

瑾桐的成立，是我职业生涯的一个新起点。我们从一个小团队起步，逐渐发展成为一个为客户提供专业财税服务的团队。然而，随着公司的发展，我逐渐意识到，要想实现真正的转型和突破，必须进行深刻的变革。

2019年，我参加了代友商学院的金牌讲师班，学习了先进的教学和管理方法。2021年，我决定正式启动瑾桐的变革转型。尽管团队成员对我的决定感到困惑，但我坚信，只有不断学习和创新，才能引领公司走向更广阔的未来。

在变革的过程中，我们面临了诸多挑战，包括员工的流失、客户的不满，以及管理的困境。然而，正是这些挑战，激发了我们不断前进的动力。通过阅读《领导变革》《论大战略》和《定位》等书籍，我获得了宝贵的启示，明确了瑾桐的发展方向。

今天，瑾桐已经完成了从传统财税服务向高端财务管理服务的转型。我们的故事，或许能为那些渴望变革的企业提供一些启示，也能激励更多同行，共同为中小企业提供真正有价值的财税服务。

感谢您阅读这本书，愿我们都能在未来的财税服务道路上，不断探索，勇往直前。